# 日本央行的光与影
## 央行与失去的三十年

[日] 河浪武史 著

宋刚 吴佳欣 译

日本銀行
虚像と実像
検証２５年緩和

NIPPON GINKO KYOZOU TO JITSUZOU KENSHO 25 NEN KANWA
written by Takeshi Kawanami.
Copyright © 2023 by Nikkei Inc. All rights reserved.
Originally published in Japan by Nikkei Business Publications, Inc.
Simplified Chinese translation rights arranged with Nikkei Business Publications, Inc. through Bardon Chinese Creative Agency Limited.
This edition is authorized for sale in the Chinese mainland (excluding Hong Kong SAR, Macao SAR and Taiwan).
No part of this book may be reproduced or transmitted in any form or by any means, electronic or mechanical, including photocopying, recording or any information storage and retrieval system, without permission, in writing, from the publisher.
All rights reserved.

本书中文简体字版由 Nikkei Business Publications, Inc. 通过 Bardon Chinese Creative Agency Limited 授权机械工业出版社在中国大陆地区（不包括香港、澳门特别行政区及台湾地区）独家出版发行。未经出版者书面许可，不得以任何方式抄袭、复制或节录本书中的任何部分。

北京市版权局著作权合同登记　图字：01-2024-2562 号。

**图书在版编目（CIP）数据**

日本央行的光与影：央行与失去的三十年 /（日）河浪武史著；宋刚，吴佳欣译. -- 北京：机械工业出版社, 2024.8. -- ISBN 978-7-111-76228-7

Ⅰ. F823.130

中国国家版本馆 CIP 数据核字第 2024UJ0360 号

机械工业出版社（北京市百万庄大街 22 号　邮政编码 100037）
策划编辑：顾　煦　　　　　　　　　责任编辑：顾　煦
责任校对：高凯月　杨　霞　景　飞　责任印制：单爱军
保定市中画美凯印刷有限公司印刷
2025 年 1 月第 1 版第 1 次印刷
147mm×210mm・10.625 印张・1 插页・183 千字
标准书号：ISBN 978-7-111-76228-7
定价：59.00 元

电话服务　　　　　　　　　网络服务
客服电话：010-88361066　　机　工　官　网：www.cmpbook.com
　　　　　010-88379833　　机　工　官　博：weibo.com/cmp1952
　　　　　010-68326294　　金　书　网：www.golden-book.com
封底无防伪标均为盗版　　　机工教育服务网：www.cmpedu.com

目 录

序　章　日本央行与传统观念的破坏者　　　　　　　1

　　　学士会馆内　　　　　　　　　　　　　　　　2
　　　真正原因在于泡沫时期的处理方法　　　　　　4
　　　安倍经济学之父　　　　　　　　　　　　　　8
　　　宇泽门生雨宫　　　　　　　　　　　　　　　11
　　　货币政策报道中的疑惑　　　　　　　　　　　15
　　　痛苦的根源在于新《日本银行法》　　　　　　16
　　　日本经济长期停滞及通货紧缩的原因　　　　　19

第一章　首位经济学家央行行长的诞生　　　　　　22

　　1. 意外的人事任命之谁是植田　　　　　　　　23
　　　　黑马亮相　　　　　　　　　　　　　　　　23

|  |  |
|---|---|
| 雨官力推植田 | 27 |
| 顺利的第一天 | 32 |
| 残留于市场和政界的岩浆 | 37 |

## 2. 告别史上任期最长行长　　40

|  |  |
|---|---|
| 黑田的自卖自夸 | 40 |
| 罗斯福般的决心 | 43 |
| 留英期间醉心于经济学 | 47 |
| 候选人之一山口 | 51 |

## 3. 阔别 18 年的圆桌会议　　53

|  |  |
|---|---|
| 突如其来的华盛顿之行 | 53 |
| 摆在黑田面前的三大量化宽松政策 | 56 |

# 第二章　安倍经济学之跨世纪的实验　　62

## 1. 不采取逐步刺激的战术　　63

|  |  |
|---|---|
| 安倍重返政坛与日本央行行长 | 63 |
| 少数派支持的量化宽松主张 | 68 |
| 四位行长候选人 | 73 |
| 批判日本央行的声音日积月累 | 78 |
| 重操设计的雨宫 | 81 |

## 2. "火箭筒"发射　　　　　　　　　　　　84
"110分的量化宽松政策"　　　　　　　84
令人存疑的两年达到2%　　　　　　　89

## 3. 触手可及的2%　　　　　　　　　　　94
第二年便陷入绝境　　　　　　　　　94
出人意料的第二轮宽松　　　　　　　97
黑田支持消费税上调吗　　　　　　　99

## 4. 崭露头角的负利率　　　　　　　　　103
无可购资产　　　　　　　　　　　　103
从超宽松到三维度宽松　　　　　　　108
为何负利率政策未见成效　　　　　　112

## 5. "直升机本"　　　　　　　　　　　　118

## 第三章　最长任期行长黑田的懊悔　　　　　122

### 1. 骇人听闻的资本外逃　　　　　　　　123
日元汇率创32年新低　　　　　　　　123
最后的机会?　　　　　　　　　　　127
修正宽松政策　　　　　　　　　　　129
取消YCC政策的要点在于出其不意　　134

黑田失言的真实情况　　　　　　　　　137

　2. "出其不意"　　　　　　　　　　　　142
　　　日元贬值已不再有利　　　　　　　　142
　　　宽松政策的突然修正　　　　　　　　144

　3. 卡尔·波普尔思想　　　　　　　　　　150

第四章　多灾多难的行长：白川方明　　　155

　1. 雷曼危机　　　　　　　　　　　　　156
　　　白川方明的两大信念　　　　　　　　156
　　　美元流动性枯竭　　　　　　　　　　159

　2. 不只是"被蜜蜂蜇了一下"那么简单　　163

　3. 成为政权之争的人事任命　　　　　　169

　4. 与美联储伯南克之争　　　　　　　　174
　　　降息到底　　　　　　　　　　　　　174
　　　沉睡的企业融资　　　　　　　　　　178

　5. 意料之外的通缩宣言　　　　　　　　180

　6. 诞下了通货再膨胀派的宽松之争　　　188
　　　杰克逊霍尔之变　　　　　　　　　　188

| | | |
|---|---|---|
| | 全面量化宽松政策 | 190 |
| **7.** | **东日本大地震** | **195** |
| | 日元升值带来的困境 | 195 |
| | 已经麻木的公众 | 201 |
| **8.** | **来自永田町的阻碍** | **203** |
| | 民间舆论的抬头 | 203 |
| | 自民党大胜 | 207 |
| | 日本央行微弱的抵抗 | 212 |

## 第五章　通货紧缩的开端：速水、福井　　214

**1. 新《日本银行法》下的独立纪念日　215**
 毫无心情庆祝的初次见面　215
 20世纪90年代前期的一大转折点　220
 严重的金融危机浮出水面　223

**2. 日本长期信用银行冲击　226**

**3. 通货紧缩来袭　228**

**4. 主要经济体中的首个零利率政策　235**
 零利率的矛盾　235
 取消零利率政策，祸根残留　240

5. 量化宽松政策的开端　　　　　　　　　246

6. 日元套利交易的现身　　　　　　　　　251
　　福井王子的登场　　　　　　　　251
　　日元套利交易的幻想　　　　　　257

7. 安倍晋三，反日本央行的原点　　　　　260

# 第六章　苦闷之中的美联储鲍威尔　　　266

1. 特朗普总统与新冠疫情　　　　　　　　267
　　"普通先生"大显身手　　　　　　267
　　对 YCC 政策的抗拒　　　　　　　271

2. 意料之外的大通胀　　　　　　　　　　274
　　被低估的通胀压力　　　　　　　274
　　吸引通胀的结构性变化　　　　　281

3. 金融市场躁动不安　　　　　　　　　　286
　　硅谷银行破产　　　　　　　　　286
　　同时应对通货膨胀与金融不稳定　288

4. 与艺术大师的对话　　　　　　　　　　289
　　"货币政策的影响正在逐渐减弱"　289

| | |
|---|---|
| 大波动时代 | 294 |

**第七章　没有魔法棒　296**

1. 日本经济为何停滞　297
2. 为何只有日本陷入通货紧缩　301
3. 长期的量化宽松政策是否有效　308
4. 日本经济能否回归增长　313

**结语　319**

**参考文献　323**

**日本央行历史年表　326**

序章

# 日本央行与
# 传统观念的破坏者

### 学士会馆内

2023年3月14日,东京晴空万里,樱花比往年提前了10日开放。

那日,已确定将于4月赴任日本央行行长一职的植田和男来到了位于东京神田锦町的学士会馆内。植田曾历任东京大学教授、日本央行审议委员,后又再次回到东京大学任职。从东京大学离职后,植田还曾担任过共立女子大学的教授。

学士会馆声名远扬,拥有近100年的历史。该会馆曾是TBS电视台的电视剧《半泽直树》的拍摄取景地,香川照之扮演的大和田常务跪地道歉就是在这里拍摄的。当日,学士会馆的二楼大厅内正在举办日本经济学家——小宫隆太郎(东京大学名誉教授)的告别仪式。植田身着黑色西装,佩戴白色口罩,神情庄重严肃,迈着沉稳的步伐走向了二楼大厅。曾在2008~2013年担任日本央行行长一职的白川方明也于当日来到了会场。此外,有着"日元先生"之称的前财务大臣榊原英资、日本制铁名誉会长三村明夫,以及日本商工会议所的几位前会长也出席了此次告别仪式。其中大多数人都曾是小宫的学生。

人称"传统观念的破坏者"的小宫隆太郎,于2022年

10月31日逝世，享年93岁。20世纪60年代，小宫曾大力支持资本自由化，阻止了大企业的市场垄断，并极力反对八幡制铁与富士制铁（现日本制铁）的合并。小宫也常向货币政策抛出本质论的疑问，对日本央行纵容20世纪70年代通货膨胀迅猛发展的行为提出了深刻批判。20世纪90年代后，日本公众认为经济萧条的原因在于货币政策的宽松力度不足，便纷纷问责日本央行。对此，小宫提出了强力的反驳。他基于标准经济理论，对日本经济的当前问题进行了敏锐分析，并提出了著名的"通说批判"——该观点对脱离现实经济的现存经济理论提出了怀疑。

学士会馆大厅祭坛上摆放着小宫的遗像。植田在献花后，双手合十为先生默哀。

原本致力于成为数学家的植田在中途改变了志向，进入东京大学研究生院学习经济学。在学期间，植田就曾得到过小宫的教诲。在日本央行140多年的历史长河中，植田是首位以经济学家的身份就任高层领导之人。若小宫仍在世，不知他又会向植田提出哪些建议。

为植田颁发日本央行行长任命书的日本首相岸田文雄也发来唁电称："小宫先生为经济学的发展做出了巨大贡献，

提出了许多宝贵的意见。我对小宫先生的逝世表示深切的哀悼和沉痛的缅怀。"

### 真正原因在于泡沫时期的处理方法

"小宫先生是一位真正的经济学家，他从正面入手，及时指出了泡沫时期经济政策管理上的失误。在我负责日本央行货币政策管理工作期间，每每遇到难以抉择之事，都会回想起老师的身影，仿佛老师一直在背后支持着我，赋予我力量。"

当日，曾于2008～2013年担任日本央行行长的白川方明也来到学士会馆致悼词。白川在东京大学就读（1968～1972年）的最后一学年曾参加过"小宫研讨课"。这一经历也成了白川进入日本央行的主要契机。白川本以成为经济学家为人生之志，而这也是深受小宫与东京大学教授（后为名誉教授）馆龙一郎合著的《经济政策理论》一书的启发。

2008年，雷曼危机爆发后日元飙升，白川也因此受到了来自政界与学界的强烈批判。不仅如此，日本从1998年开始深陷通货紧缩困境，此后，日本央行也常被政界以及学界视为犯了重罪的人。2000年前后，问责日本央行的舆论愈演愈烈，而当时的小宫却转而选择站在日本央行的支持方，并对白川说："舆论也未免太过分了。我要写一篇反驳他们的论文。"

"小宫研讨课"的学生多为善于辩论的理论派，白川也很好地继承了这一特征。白川向来习惯在反复推敲理论后再得出政策，因此也常被评价为"老学究"。此外，由于理论上无法验证零利率政策的有效性，因此白川对量化宽松政策的实施始终保持谨慎态度。这也是政界批评白川的政策总是"挤牙膏"的原因之一。

白川始终谨记老师的教诲，即"当出现危机时，即使面对政府，央行行长有时也需要保持强硬的态度"。我在2021年12月前往白川任职的青山学院大学（位于东京都涩谷区）对白川进行了采访。

"请问您如何评价自己任职期间所实施的货币政策？有人指出日本央行行动缓慢，宽松政策规模过小。"

"我们已经采取了积极行动，以确保金融体系的稳定。如果我们的目的仅仅是避免日本央行受到批评，那我们只需实施大胆的宽松政策即可。但我认为这样的政策效果极其有限。如今，没有人会把通货紧缩称为'货币现象'，也没有人认为只要物价上涨，就能解决日本经济面临的问题。但遗憾的是，如果中央银行没有扩张资产负债表，社会将很难了解到这一点。"

白川继续补充道:"若问题进一步扩大化、复杂化,社会可能陷入某种停止思考的状态,只是一味寻求浅层的解决方案。2000年以后,围绕宏观经济政策对通货紧缩进行的讨论便是社会陷入麻痹状态的其中一个表现。"政治和市场常期待中央银行提供眼前的利益,但中央银行所肩负的责任却是长远的。白川在担任行长的五年中,时常苦恼着一个问题,那就是作为央行行长如何保持好民主主义的度。

在学士会馆的告别仪式上,日本央行副行长中曾宏落座于白川的斜后方。中曾也是"小宫研讨课"的学生之一,他拥有广泛的国际人脉,曾经历过20世纪90年代后半叶的金融危机以及2008年雷曼危机,被誉为银行系统的危机管理第一人。

现任日本央行审议委员高田创也出席了告别仪式。高田同样也是小宫的门生之一,他在毕业后加入了日本兴业银行(现日本瑞穗金融集团)。小宫在对货币政策的传统观念进行了彻底验证之后,名声大噪。因此,许多金融行业的学生都前来参加了小宫的告别仪式。

白川在悼词中提到的"泡沫时期的经济政策管理失误",是指日本1985年签订《广场协议》后推出的一系列财政政策和货币政策。日本曾通过对外出口实现了高速增长,并从1985年开始通过积极的财政政策以及量化宽松政策来刺激内需。然而,这些举措反而助长了泡沫经济。最终,泡沫的破裂对日本经济造成了致命的打击。可以说,这次经济政策的失误成了日本经济长期停滞的开端。

20世纪80年代中期,美国陷入了大规模的贸易逆差。为挽救美国经济,日本、美国、德国、法国、英国五国(G5)签订了《广场协议》,以诱导美元贬值。几国开始联合干预外汇市场,美元迅速下跌。与此同时,日元大幅升值,不到一年的时间内,日元兑美元汇率便从1美元兑240日元飙升至1美元兑150日元。

水深火热之中的日本在G5签订《广场协议》时提出了阻止日元急剧升值的意见,并在G5会议上承诺将协助美国扩大内需,并采取缩小贸易顺差的财政政策和货币政策。日本央行开始刺激内需,并大幅降低政策利率(当时为基准利率),这也为后来的泡沫经济埋下了伏笔。

小宫在自己的著作中指出:"美国的经常项目收支与其经济密切相关。对经济学有所了解的人都清楚,要改善美国的经常项目收支状况,必须从改善其宏观经济政策入手。"

美国的贸易逆差不仅与日本的出口攻势有关，还主要源于美国国内的消费过剩与投资过剩。要解决贸易逆差问题，美方也需要收紧财政政策和货币政策，以抑制内需过热。小宫曾严厉指出："只有日本承诺按照行动计划来调整经济结构，而美国并未许诺任何改善措施。这才是严重的'失衡'。"

实际上，美国的贸易逆差并未得到缓解，从《广场协议》前的1984年到1987年，美国的贸易逆差分别为1091亿美元、1219亿美元、1385亿美元和1517亿美元，不降反升。如果不解决美国国内的消费过剩与投资过剩问题，即使通过人为手段促使美元贬值，也无法改善对外失衡的状况。气急败坏的美国要求日本进一步刺激内需，最终催生了日本泡沫经济的形成。正因为日本轻视了基本的宏观经济理论，日本经济才会一蹶不振。

### 安倍经济学之父

来到学士会馆为小宫献花的还有原日本众议院议员山本幸三。山本是提出了大胆的量化宽松政策的"安倍经济学"的创始人之一。原本，山本的立场在日本自民党内比较不受待见，但因其是宽松政策的倡导者，长期以来深入地批判了白川等日本央行主流派而闻名。

山本也是"小宫研讨课"的1971届学生之一。为摆脱通货紧缩，山本主张采取大规模量化宽松政策，并长期站在"抨击日本央行"的前线。山本还著有一本名为《被日本央行压垮的日本经济》的书。此外，他还为安倍经济学召集了多位倡导宽松政策的经济学家，组成了安倍口中的"通货再膨胀派"。

2022年秋，山本接受了我的采访，并分享了"安倍经济学"的诞生历程。

他说："我从很早就开始对日本央行持批判态度，但让我产生前所未有的危机感的是2011年3月11日的东日本大地震。那时，我觉得日本已经大难临头。我担心日本会不知不觉地没落成中等发达国家或欠发达国家，我意识到我们已经没有退路了。于是我下定决心，发行了20万亿日元的国债，让日本央行全盘接收，并将这笔资金作为灾后重建的资金来源。"

山本组建了议员联盟"非增税确保复兴财源协会"，并让安倍担任会长。他说服安倍："只有'经济强人安倍'才能重振日本。如果经济好转，选举也就有望了。"然而，曾经雄心勃勃的山本，在经历了黑田的10年宽松政策后，也只能平淡地说出:"即使口头上宣称要加大(货币政策的)力度,也已经无能为力了。"

小宫的另一位学生也对日本的货币政策产生了极大影响,他就是岩田规久男。岩田曾于 2013 ~ 2018 年期间,在黑田体制下担任日本央行副行长。岩田担任日本央行副行长前曾是学习院大学的教授,也是对日本央行深入批判的"通货再膨胀派"之一。岩田的观点极为简单,他认为只要放水就可以提高通货膨胀率。安倍晋三对岩田的观点十分着迷,据当时的安倍政府智囊团透露,安倍一开始想让岩田而不是黑田担任日本央行行长。

事实上,山本和岩田都在某种程度上依赖于小宫的理论。小宫曾指出:"20 世纪 70 年代日本大通胀的缘由不在于 1973 年的石油危机,而在于 1971 年以后基础货币的增加。"当时,日本央行顾及政府刺激经济的需求,未能适度地控制货币供应量,小宫对此提出了尖锐的批评。

山本和岩田将小宫的理论套用在通货紧缩上,并说明了自己的观点。他们认为,日本央行过度限制了货币供应,因此物价才无法上涨。

然而,小宫在针对 2000 年以后的量化宽松政策的讨论中批判了通货再膨胀派的观点，他指出："尽管极端的货币政策提供了充足的流动性，但是资金需求仍然不足。问题并不在于资金的供应方，而在于需求方。"正因此，小宫被称作"传统观念的破坏者"。

小宫的学生中既有白川等日本央行执行委员会的主流派，也有岩田等反日本央行的通货再膨胀派。围绕日本货币政策的争论非常复杂，直到今天也难以找到绝对正确的答案。

**宇泽门生雨宫**

2023年3月14日，一位谈及日本央行历史时不可或缺的人也来到了学士会馆。他就是将于3月19日辞去日本央行副行长职务的雨宫正佳。雨宫提出了许多试验性政策，包括速水优体制下（1998～2003年）的量化宽松政策以及黑田东彦体制下（2013～2023年）的超宽松政策。雨宫与经济界同仁们简单寒暄了一番后，很快就返回了日本央行。

雨宫同样也毕业于东京大学经济学部，不过他的指导老师是宇泽弘文教授（2014年逝世）。宇泽与小宫同岁，都出生于1928年，两个人均为日本近代经济学的领军人物。然而，他们对经济社会所采取的策略却存在较大差异。小宫重视经济理论的实证研究，而宇泽则热衷于探索经济学的极限。

1975 年，雨宫进入东京大学，当时正值布雷顿森林体系崩溃和战后经济秩序混乱的时期。同时，环境污染日益严重，资本主义也受到了质疑。因此，雨宫选择了试图重新审视经济学的"宇泽研讨课"。

雨宫与白川等人截然不同的政策管理风格或许与两位老师有些关系。雨宫认为白川提倡的零利率政策以及量化宽松政策，无论从经济理论还是从实证的角度来看，效果都不尽如人意。因此，雨宫主张超越经济理论，尝试试验性政策。日本央行前行长黑田东彦所强调的"引导预期的政策"正好与雨宫激进的政策作风不谋而合。

雨宫的经历让他获得了"日银先生"的名号。然而，他的举止行为又与历届的日本央行高层略有不同。

日本央行的总部位于日本桥本石町，与霞关㊀和永田町㊁都有一定距离，而日本央行高层的措辞又略显孤傲。雨宫虽不嗜酒，但从未缺席任何宴会。人们普遍对日本央行人抱有"死板"的印象，但雨宫却与众不同，他在高中时就加入落语㊂研究会，不但能言善道，而且总是面带微笑，和蔼可亲。

---

㊀ 日本政府所在地。——译者注
㊁ 日本国会所在地。——译者注
㊂ 日本的传统曲艺形式之一，类似中国的单口相声。——译者注

如今，雨宫仍以"烂漫亭菊正宗"的艺名登台表演。

雨宫是黑田继任者的热门人选，但他直到最后都坚决拒绝出任日本央行行长。有人认为他的拒绝是"漂亮的明哲保身"（政府智囊团），也有人冷漠地认为他逃避了修改长期宽松政策的艰巨任务。日本央行历任行长十分重视日本央行的组织架构与理念，甚至不惜与货币政策同归于尽。然而，与他们相比，雨宫的人生观却是截然不同的。

雨宫最初的梦想是成为一名音乐家。在东京都立青山高等学校就读期间，他的目标是成为一名指挥家，他甚至在房间里贴了指挥家卡拉扬的照片。实际上，雨宫曾在高中毕业前填写了一份音乐大学的申请表，但后来他的父母偷偷将这份申请表丢掉，因此他只好选择报考东京大学。一位日本央行高层评价道："虽然黑田与白川的思路大相径庭，但二者都是理论家，是原理主义者。雨宫则是一位跨越理论的艺术家。"

我眼中的雨宫是一位细致入微的理论家。他热爱钢琴演奏，但他的志向是攻读音乐理论。人类为何在某些旋律中感受到美，又为何对某些和弦感到不适？雨宫希望通过理论探索声音的奥秘，这一想法与宇泽弘文教授不断质疑人类本质的学术精神颇有几分相似。

  为何雨宫直到最后都坚决拒绝岸田政府提供的日本央行行长一职？有人甚至认为雨宫是为了重新踏上音乐的道路。雨宫在退休后第一次接受采访的媒体是落语杂志《东京河原版》，可见，雨宫拥有日本央行行长这一职位无法容纳的艺术之心。

  2023年3月17日，雨宫在众多员工的欢送下离开了日本央行。虽然真正的退休日期是3月19日，但由于当天是周日，因此3月17日便成了雨宫作为日本央行人的最后一个出勤日。

  雨宫从工作人员手中接过一大束鲜花后上了车，他不禁回顾起自己出席过多少场引人瞩目的货币政策决策会议。

  "货币政策决策会议"（简称决策会议）由9名货币政策委员会委员参与，而这一会议的命名者就是雨宫。将近30年前的1995年，雨宫拟定了如今日本央行货币政策管理文件的初稿，决定定期召开货币政策决策会议，确定货币政策的调整方针，并在一定期限内公开会议纪要。新《日本银行法》（1998年实施）赋予了日本央行独立性，使得初稿成为现实。虽然现在雨宫已离开日本央行，但他仍珍藏着当初的草稿纸。

## 货币政策报道中的疑惑

2005年左右,我作为《日本经济新闻》的记者开始深入报道日本央行。2008年,日本央行行长福井俊彦将退位,因此自2007年开始,关于其继任者的讨论一直是热门话题。当时,日本的国会呈现日本自民党主导众议院,日本民主党主导参议院的局势。在这样的"扭曲国会"中,日本央行行长的人事任命成了政治斗争的工具。自民党的福田康夫政府认为应由前日本财务省事务次官(简称财务次官)、时任日本央行副行长的武藤敏郎作为福井的继任者。然而,这一计划因受到民主党的反对而搁浅。

我亲身经历了2008年9月爆发的雷曼危机。各国中央银行都自上而下地采取了激进的货币政策以应对危机。同时,我也见证了日元的急速升值导致日本经济逐步走入深渊。

继白川时期和黑田时期的报道工作之后,我于2015年被派往华盛顿,开始报道美国联邦储备委员会(FRB,简称美联储)的货币政策。美国的货币政策经历了多次调整,我也持续报道了其背后的故事。作为一名经济新闻记者,我与货币政策一同度过了职业生涯的后半程。

对于经济新闻记者而言,货币政策是一个极为重要的报道主题。日本央行和美联储的政策变化对股市以及外汇市场影响巨大,因此有关货币政策的报道总是备受瞩目。

然而,在很长一段时间里我都对货币政策的报道感到疑惑。中央银行在调整利率时,一般都以 0.25% 为单位。这么小的调整幅度会对世界经济产生多大影响呢?况且,如果像日本央行一样将政策利率调整为零,就无法通过调整利率来实施货币政策。日本央行的货币政策是通过购买长期国债等资产来放水,但其实际效果却仍是个未知数。即使日本央行通过向民营银行购买国债来提供资金,这些资金又会作为活期存款原封不动地回到日本央行。很难相信这样的资金流动能够重振日本经济。我直截了当地向日本央行高层提出了这些疑问,并逐渐形成了自己对货币政策的看法。我的货币政策报道让我更加接近经济的本质。这是一次向中央银行的虚与实发起的挑战。

### 痛苦的根源在于新《日本银行法》

当我询问一位日本央行元老,何为日本货币政策的重大转折点的时候,他回答道:"如果要选一个时点的话,应该是 1995 年。"1995 年是泡沫破裂后的第四年,当时的政策利率即基准利率已被下调至 0.5%。泡沫经济顶峰时期的 1990 年,基准利率曾高达 6.0%。1995 年，量化宽松政策已耗尽气力，日本自此开始了实质上的零利率政策。当年，雨宫正佳还是央行企划局的青年高层时就已事先起草了零利率时代之后的宽松政策。这项政策就是 2001 年实施的量化宽松政策。因此，1995 年真可谓日本货币政策的转折点。

然而，日本央行痛苦的真正根源还要追溯到 1998 年。这一年，新《日本银行法》生效，日本央行获得了货币政策的独立性。日本央行为换取自身的独立性，全面承担了"物价守卫者"的角色。新《日本银行法》赋予了日本央行"在货币政策和金融调控方面的自主权"，也明确规定了日本央行的政策理念为"通过努力实现物价稳定，为国民经济的健康发展做出贡献"。

中央银行需要独立性来对抗通货膨胀。一旦央行因为政治压力而延长量化宽松政策的实施，那么物价的上涨将一发不可收拾。在央行的独立性上，美国和德国是日本的典范。20 世纪 80 年代，保罗·沃尔克担任美联储主席后，实施了强有力的紧缩货币政策，并控制住了 10% 的高通胀率。在此期间，卡特和里根政府主张实施量化宽松政策，而沃尔克也顶住了压力。第一次世界大战后，德国经济因恶性通货膨胀而崩溃，促成了纳粹的崛起。鉴于这次痛彻心扉的经历，德国央行决定将货币政策与政治隔绝开，德国央行至今仍是世界上最"鹰派"的中央银行。

然而，1998年日本央行获得独立性后，要对抗的却不是通货膨胀，而是通货紧缩。

1998年新《日本银行法》生效后，消费者物价指数（CPI，生鲜食品除外的综合项目）增长率下降至0.3%，并在1999年跌至 -0.1%。2000年和2001年，消费者物价指数持续下跌，跌幅分别为0.3%和0.9%。日本经济进入了物价持续下跌的长期通货紧缩。

日本要对抗通货紧缩，政府、企业和中央银行三方必须充分合作。日本央行在1998年就已经失去了量化宽松的空间，因此需要启动一切措施，包括政府的财政政策和企业的发展战略。然而，日本央行获得的货币政策管理独立性却让日本央行与政府、企业之间产生了微妙的距离。过去的25年间，日本央行一心追求独立性，以至于它已经完全被孤立。

速水优行长（1998～2003年任职）、福井俊彦行长（2003～2008年任职）、白川方明行长（2008～2013年任职）都出身于日本央行。此后，日本央行由于在对抗通货紧缩方面动作迟缓而受到了批判，2013年，日本财务省委员黑田东彦接任了日本央行行长一职。当时，还发生了一场将日本央行视为罪犯以泄愤的运动。2023年，植田和男出任日本央行行长，他能否改变日本央行被孤立的状态？

### 日本经济长期停滞及通货紧缩的原因

在此期间，日本经济进一步停滞。日本曾在20世纪70年代实现过年均5.2%的经济增长率。20世纪80年代的经济增长率也同样很高，达到4.3%。然而，日本经济增长从20世纪90年代开始放缓，90年代的经济增长率为1.5%，而21世纪初则进一步放缓至0.5%。尽管21世纪10年代经济增长率略有复苏，回升至0.7%，但当前⊖的潜在增长率已降至0%左右。日本经济已长期处于"零增长"状态。

经济回温速度缓慢，因此物价才迟迟不上涨。通货膨胀和通货紧缩究竟哪个好，哪个坏？

世界上主要的中央银行都设定了较为温和的通胀目标。人们借钱进行投资，利用投资所得的利润偿还债务，并将剩余资金用于下一步投资。简单来说，这就是资金的良性循环。如果经济环境处于温和的通货膨胀，那么人们投资所得

---

⊖ 指2023年度。——译者注

的名义利润将会更多。通货紧缩扭转了这种良性循环。物价下跌导致人们投资获得的名义利润减少，这样一来，偿还名义金额不变的债务的难度就大大提高。这就是人们认为通货紧缩不好的原因。

在战后的发达经济体中，日本是唯一一个陷入长期通货紧缩的国家。长期通货紧缩产生的主要原因是什么？其中之一就是工资的下降。1998年，日本为避免就业急剧恶化，开始下调工资，这是造成日本产生与欧美不同的通货紧缩型经济结构的重要因素。

从1998财年开始，日本企业就出现了储蓄大于投资的"超额储蓄"现象，并开启了保守型经营模式。此后，日本央行实施了各种激进措施，包括零利率政策、量化宽松政策、全面量化宽松政策、量化与质化宽松政策（QQE政策）等，但如果企业资金需求不足，宽松的资金最终都将闲置。企业减少对设备及人力资源的投资，将削弱日本经济的增长能力。日本经济长期低迷的原因是错综复杂的，并没有魔法棒能够施展魔法解决问题。

本书详细地记录了围绕日本央行发生的故事，希望能从货币政策的角度出发，找到日本经济长期停滞和通货紧缩的原因。除了记录下日本央行历史的脚印，我还想提供一些经济分析来探寻每个故事的起因，希望能尽绵薄之力。开药方，首先要把握全局。

  本书将从植田体制的故事开始，追溯历史，解开每一个事件的前因后果。在第二章和第三章，我将检验安倍经济学和黑田的宽松政策。在第四章，我将为大家介绍致力于政治与市场之间的斗争的白川体制。在第五章，我将深入探讨日本长期通货紧缩的开端——速水体制和福井体制。在第六章，我将讨论美联储的实际情况，展现在大家面前的将是一个无法再虚张声势的中央银行。可见，在虚与实之间挣扎的并不是只有日本央行。

# 第一章

# 首位经济学家
# 央行行长的诞生

(2023 年至今)

## 1. 意外的人事任命之谁是植田

### 黑马亮相

"现在我无法回答任何问题。下周有机会的话我会做出回应。"2023年2月10日晚，乘坐出租车回家的植田和男对包围着自己的媒体慎重地回答道。

早春已向东京走来，但那夜的雨中却带有一丝寒意。

当日傍晚，岸田文雄政府宣布拟任命经济学家植田和男担任下一任日本央行行长。在日本央行140多年的历史中，植田是首位以经济学家的身份就任高层领导之人。日本首相官邸已向执政党高层提交了拟任命植田为日本央行行长的人事方案。

植田在1998～2005年担任日本央行审议委员。植田重返学术界后，已多年未参与货币政策的制定，因此由植田担任日本央行行长的人事任命十分出人意料。

英国《金融时报》刊登了一则以"'黑马'植田和男将出任日本央行行长，颠覆众人预想"为题的新闻。美国彭博社则报道称："此次意外任命一出，全球投资者同时开始在搜索引擎上搜索'植田'。"

植田进了一次家门后,又再次撑着伞接受了媒体的简短采访。

虽然植田未直接提及政府是否事先征询过他对出任日本央行行长的意见,但谈及货币政策时,他明确表示:"货币政策的管理必须结合市场与物价的现状和前景。基于这一点,我认为当前日本央行的货币政策是恰当的。不管怎么样,当前仍有必要继续实施量化宽松政策。"

日本央行行长候选人在政府向国会提交人事方案前发表评论是十分少见的。植田并不擅长与媒体打交道,也许这是一位经济学家不小心得意忘形而发表的言论。一位日本央行高层透露,首相官邸和日本央行已经事先与植田进行了沟通,要向媒体传达"目前将继续实施量化宽松政策"的信息。

植田接替的行长是黑田东彦,黑田曾因大规模量化宽松政策而在市场中收获了超高人气,植田的知名度未必高于黑田。时隔10年的行长换届,容易让投资者备感不安。植田明确表态继续量化宽松政策,将有助于避免市场混乱。

之后,植田在国会上回答道:"政府发布公告的前一天,也就是13日,政府征询了我的意见。"这显然是场面话。一位日本央行高层表示:"在公布之前,就与植田等3名正副行长候选人进行了详尽的沟通。"

当时，日本央行的人事任命正处于敏感时刻，不仅在市场上如此，在政治上也是如此。曾力挺黑田体制的日本前首相安倍晋三于2022年7月遇刺身亡。自民党内最大派系安倍派强烈要求继续推行"安倍经济学"。日本央行的人事任命决定着黑田的超宽松政策是否彻底洗牌，这可能会造成执政党的分裂。

然而，经过黑田体制的10年，超宽松政策已疲态尽显，新行长有责任改变这一现状。此次人事任命是一个转折点，引起了全球金融市场的广泛关注，特别是在外国投资者圈中惊起了一阵"谁是植田"的波澜。日本国内市场参与者也忙于搜索植田过去的言论，以了解植田对货币政策的观点。

市场之所以感到意外，不仅是因为从未听闻植田要出任央行行长一职的消息，还因为市场认定的继任者——拥有"日银先生"之称的雨宫正佳副行长，直到最后一刻都坚决拒绝出任。

2月10日晚，当植田被媒体团团围住时，一位央行高层联系了雨宫，雨宫用欢快的声音回答道："怎么样，下一届体制的阵容十分理想吧。"当被问到是否对行长职位仍有留恋时，他笑着回答道："怎么可能有？可是我推荐植田担任下一任行长的。这是我进入日本央行以来干得最漂亮的一份工作！"

雨宫1979年进入日本央行，十分了解植田在1998～2005年担任日本央行审议委员期间的政策判断。日本央行审议委员在货币政策决策中拥有投票权，相当于企业中的董事。

植田是一个独具匠心的人。

有一种货币政策工具被称为"时间轴政策"。本来当政策利率降至零后，央行就很难再进一步扩大宽松，但是，只要央行承诺长期实施零利率政策，那么即使无法再降低政策利率（无担保隔夜拆借利率），也能压低2年期、5年期和10年期国债的长期利率。植田就是这一工具的发明者。

如今，包括美国和欧洲的中央银行在内的许多中央银行都采用了"前瞻性指引"，即提前用数字和文字预示政策利率的走向。这一工具的理念最初就源自植田的"时间轴政策"。日本央行相关人士指出："如果植田撰写并发表了有关时间轴政策的英文论文，那么他一定会获得诺贝尔奖。"雨宫一直认为，如果要让一位经济学家来担任日本央行行长，那么植田就是最佳人选。植田是一位经济学家，同时也是一位能够制定可行性政策的实干家。

其实,"时间轴政策"的命名者是雨宫。植田审议委员的想法最初并没有得到系统性的理解。雨宫在听取了植田的意见后,将其表述为"时间轴",并在政策上加以实现。

2001年3月,日本央行成为首个推出量化宽松政策的主要央行。那时的植田也让雨宫记忆犹新。

当时的植田一直对从理论上难以看到效果的量化宽松政策心存疑虑。会议上,他几度欲投出反对票,但就在最后一刻,他还是倒向了赞成。当时,他曾低声对与会者说:"货币供应量对市场产生的影响可能只是错觉,但仍然不能忽视。"2005年,植田退休时,时任行长福井俊彦用其独特的措辞赞赏植田为"不会纸上谈兵的理论支柱"。

**雨宫力推植田**

起初,岸田政府希望任命雨宫担任日本央行行长。首相对周围的人说:"今后,如果无法在货币政策上采取行动,经济政策将举步维艰。我们无法预料调整不当所带来的后果。"直到2022年秋季,岸田政府才最终确定了修改超宽松政策的同时,避免政策的剧烈变化这一总体方针。日本央行需要的是一位能够与市场和政府密切沟通、相互理解的人才，以确保超宽松政策实现软着陆。雨宫恰好符合了这些条件。

截至第 31 任日本央行行长黑田东彦之前，历任行长中有一半以上出身于日本央行或日本财务省（前大藏省）。第 28 任行长速水优、第 29 任行长福井俊彦以及第 30 任行长白川方明，连续三任行长都出身于日本央行。新《日本银行法》实施前的第 27 任行长松下康雄则来自大藏省。战后的 14 任行长中，只有第 21 任行长宇佐美洵（三菱银行前行长）的出身既不是日本央行，也不是大藏省。在这样的历史积淀下，日本央行和财务省都理所应当地认为，黑田的继任者应该来自日本央行或财务省。在所有候选人中，无人能与雨宫的履历背景相匹敌。

1979 年，雨宫从东京大学经济学部毕业后，就进入了日本央行工作。1998 年，他被任命为企划室（现企划局）第二课课长。2000 年，他成了负责制定货币政策的第一课课长。他在日本央行的职业生涯都与制定货币政策相关，他也参与制定了许多试验性政策举措，包括 1999 年的零利率政策、2010 年的量化宽松政策以及 2013 年的量化与质化宽松政策。

日本央行共拥有 4600 名员工，但负责制定货币政策的企划局中只有50名左右的员工。其中，雨宫是在企划局工作时间最长的人。

作为副行长，雨宫提出并管理黑田体制下的超宽松政策，因此被认为是黑田继任者的不二人选。当时的货币政策集量化宽松政策、负利率政策和收益率曲线控制（长短期利率控制，YCC）政策于一身，十分复杂。如果不详细说明，政界和商界就无法理解其中的机制。

雨宫不仅在黑田体制，在白川体制和福井体制中也都发挥了对外谈判的作用。他在东京都立青山高等学校就读时，曾是落语研究会的成员，他用自己出色的口才在政界和商界收获了一群"雨宫粉丝"。

日本央行行长的任期为五年，每五年进行一次换届。岸田官邸收到了许多自荐信和推荐信，日本首相岸田文雄任命其首席政务秘书官嶋田隆负责协调提名工作。嶋田于2017～2019年担任日本经济产业省事务次官，曾六次担任被誉为"政策通"的与谢野馨（曾任财务大臣）的秘书。

出自霞关的事务次官成为首相最亲信的政务秘书，这是极为罕见的情况。据说嶋田与岸田首相都毕业于开成中学，是该校的老前辈让两个人走到了一起。

日本自民党副总裁麻生太郎曾质疑雨宫的国际性。2023年1月中旬，岸田首相在被问及雨宫的"国际性"时还是回答道："即使行长缺乏国际性，只要与副行长合作，就可以弥补这一不足。雨宫具备良好的国内协调和政策制定能力。"岸田官邸认为雨宫是黑田继任者的最佳人选，并就继任一事与他进行了沟通。

然而，雨宫始终坚持拒绝出任行长。

雨宫还会见了前行长白川方明等多位日本央行前辈，并传达了"不会出任行长"的意向。他的理由是："下一任行长需要长期进行量化宽松政策的审查与修正工作。我是宽松政策的实施者之一，我认为自己无法客观公正地进行审查。"

正如雨宫所言，从2001年的量化宽松政策到2010年的全面宽松政策，再到2013年的超宽松政策和2016年的负利率政策，雨宫主导设计了所有的试验性政策。

如今，日本货币政策已弹尽粮绝，且市场扭曲等副作用凸显。黑田继任者的首要任务就是审查和修正大规模宽松政策。若由雨宫来完成这项任务，那将无异于自我批评。

相关人士称，岸田首相直接与雨宫进行了对话。雨宫表示："现在已经迎来了各国央行行长之间直接用英语交流并立即做出决定的时代。现在已经不需要由日本央行或财务省出身的人来轮流担任中央银行行长了。"

雨宫目睹了2008年雷曼危机期间美国、欧洲和日本央行自上而下的政策调整。全球同步降息，加大日本、美国和欧洲市场的美元供应量。防止金融体系崩溃的唯一办法就是行长们的当机立断，延迟决策可能会损害国家利益。因此，央行行长必须拥有高水平的国际谈判能力。雨宫是企划局的王牌，已有20多年管理日本央行货币政策的经验，但正如麻生所指出的一样，他为数不多的弱点就是缺乏国际经验。

雨宫始终认为，"按照国际惯例，央行行长多由经济学领域的专家担任"。美联储前主席是获得诺贝尔经济学奖的伯南克以及劳动经济学家耶伦，欧洲中央银行（ECB）的前行长德拉吉同样也是拥有麻省理工学院（MIT）博士学位的经济学家。央行行长会议不仅需要讨论货币政策，还需要进行复杂的宏观经济分析。

放眼亚洲，中国人民银行行长易纲⊖拥有美国伊利诺伊大学博士学位，是一名经济学家。韩国银行行长李昌镛也曾在美国哈佛大学攻读经济学，并担任过亚洲开发银行（ADB）

---

⊖ 本书中文版出版时，易纲已卸任。——译者注

的首席经济学家。国际货币基金组织（IMF）首席经济学家拉格拉姆·拉扬是美国芝加哥大学教授，也是世界著名经济学家，曾在2013～2016年期间担任印度中央银行行长。

雨宫向岸田官邸推荐了植田。官邸同时将植田和雨宫纳入候选人名单，岸田首相于2023年1月初会见了植田。另一位候选人，是与黑田关系密切的美国哥伦比亚大学教授伊藤隆敏。

2023年2月初，岸田首相曾表态，"由雨宫出任行长比较'保险'"。然而，雨宫始终拒绝官邸的出任请求，植田是在政府向执政党提交人事方案的最后一刻才最终被确认提名的。

植田在麻省理工学院的导师是斯坦利·费希尔（美联储前副主席），他是全球央行的理论支柱。伯南克和德拉吉都受过费希尔的教诲。央行间有一些只有央行行长参与讨论，不需要翻译的会议，如瑞士巴塞尔会议。植田是为数不多敢于在世界央行界探讨经济理论的人之一。2023年3月1日，任命植田的人事方案获得日本国会批准，植田于同年4月9日上任。

### 顺利的第一天

2023年4月10日，东京回暖，气温达到21摄氏度。上

## 第一章 首位经济学家央行行长的诞生

午11点,身着藏青色西装、佩戴蓝色领带的植田抵达日本央行总部,正式履新。

日本央行总部位于东京日本桥本石町,这里曾是江户时代"金座"的所在地。"金座"是江户幕府时期垄断了金币铸造的货币发行机构。在江户幕府末期,由于金币大量流入海外,幕府在控制货币和物价方面遭遇了重大失败,如今,日本央行也同样奋斗在控制货币和物价的前线。

江户幕府末期,日本的黄金和白银的兑换比率是1比5,而美国和欧洲则是1比15。这意味着,外国投资者将白银带入日本后,能够以比国内低三分之二的价格兑换黄金。全球套利的爆发导致日本的黄金大量外流,数量曾多达10万两[⊖]甚至50万两。最终,为解决这一问题,江户幕府试图调整黄金和白银的兑换比率,使其与外国持平,但这一举措却导致了大规模的通货膨胀,其中的主要原因在于日本与欧美的货币谈判失败。可见,日本货币和物价的混乱历史极为久远。

4月10日,行长植田与副行长内田真一、副行长冰见野良三(日本金融厅前长官)一同拜访国会,并在当时18时

---

⊖ 日本古代货币单位。——译者注

进入首相官邸。岸田文雄首相为三位正副行长颁发正式任命书,并进行了约 15 分钟的交流。在交流中,岸田和植田就"在当前不确定的环境下保持密切沟通,灵活管理政策"达成了共识。

当日 19 时 15 分,植田在日本央行召开了首次新闻发布会。

"晚上好,我是本届日本央行行长植田和男。"植田沉稳地开口说道,"正如我在国会上所言,自 1998 年新《日本银行法》生效以来,实现物价稳定一直是日本央行和我本人面临的长期挑战。在我担任审议委员期间,日本央行在世界上率先实施了各种非常规货币政策,包括零利率政策、时间轴政策、量化宽松政策以及当前的量化与质化宽松政策。今后,我将理论、实践两手抓,努力实现物价稳定。"

据日本央行相关人士透露,"日本央行的企划团队提前为新闻发布会精心准备了问题和答案"。前行长黑田东彦曾于 1999～2003 年担任财务官,并于 2005～2013 年担任亚洲开发银行行长。因此,在担任日本央行行长之前,黑田已经习惯与媒体打交道,失言的概率极小。相比之下,植田虽然担任过日本央行审议委员,但并没有参加新闻发布会的经验,因此他的媒体应对能力也是个未知数。

也许是企划团队的周密安排发挥了作用，当日的新闻发布会顺利结束。媒体的关注焦点集中在如何修改量化宽松政策上。所谓修改，就是指缩减宽松政策的规模。植田有意调整自2016年开始实施的收益率曲线控制政策，该政策将长期利率上限控制在0.5%，是一项全球史无前例的量化宽松政策。

"在长短期利率控制方面，由于海外利率的下降，收益率曲线总体开始趋平。鉴于当前的经济、物价和货币形势，我认为维持现行的收益率曲线控制政策是恰到好处的。"

如果植田发表取消收益率曲线控制政策的言论，日本的长期利率就有大幅上升的风险。投机者们摩拳擦掌，等待着这样的表态，但植田却明确推翻了有关提前调整的预测。

媒体还问及了有关负利率政策的变化。负利率政策也是自2016年开始实施的非常规的宽松货币政策，该政策对民营银行存放在央行的超额准备金实施了-0.1%的负利率。可以说，负利率政策是对民营银行超额存款的一项惩罚制度，旨在鼓励银行向企业和家庭放贷，而不是将剩余资金闲置在日本央行。

"负利率政策是当前大力推行量化宽松政策的基础。尽管存在副作用，但对金融机构的利润具有重大影响。我认为金融机构整体上拥有雄厚的资本基础，负利率政策能使金融机构的功能得到充分发挥，而且政策的设计也尽量减少了对金融机构利润产生的负面影响。因此，考虑到当前尚未达到2%的通胀目标，我认为继续实施该政策是恰到好处的。"

植田的回答排除了提前取消负利率政策的可能性。简而言之，他将继续实施前行长黑田东彦制定的宽松政策。

"新闻发布会十分顺利，圆满结束了。"新闻发布会结束后，一位日本央行高层松了一口气。当日的股票价格、利率和日元汇率都没有出现太大的波动。

另一位日本央行高层原本对植田不拘小节的言行举止有些担忧。2000年，植田担任日本央行审议委员期间，曾有周刊报道他出入位于六本木的俱乐部。这本身并不是问题，但这位高层担心的是有人会利用植田的疏忽大意。据透露，与植田同期任职的审议委员中原伸之（东亚燃料工业前社长）曾要求"由自己亲自安排司机和秘书"。每次进入银行时，中原总是保持警惕。学术界出身的植田并没有那么敏感，这与他表里如一的性格息息相关。然而，植田毫不设防的性格却也有利有弊，真心话有时会变成"失言"。日本央行需要小心防范，确保植田在上任初期不会犯错。

### 残留于市场和政界的岩浆

实际上，日本金融资本市场内部潜藏着蠢蠢欲动的岩浆，只要植田稍有失言就有可能引发重大混乱。其中一大混乱就是日本债券市场上频繁出现的国债做空。

在2022年4月至2023年3月期间，外国投资者抛售了99 671亿日元的日本中长期债券，其中包括日本国债。这是自2005年以来，可追溯的历史最大做空金额。外国投资者认为日本央行的宽松政策已经走到尽头。投机者将此视为商机，试图通过大规模做空日本国债来获利。

做空指借入国债后立即出售，等到国债价格下跌时再赎回，并归还给国债持有者的一种交易策略。如果以1亿日元的价格卖出借入的债券，再以8000万日元的价格赎回，投资者就可以获利2000万日元。利率上升就代表着债券价格下跌。如果投资者确定日本央行将缩减量化宽松政策规模，那么做空日本国债将是最有利可图的交易。

总部位于伦敦的投资公司蓝湾资产管理公司自2022年6

月以来就一直在做空日本国债。该公司正在等待日本央行缩减量化宽松政策规模，日本国债价格下跌的时机。

蓝湾资产管理公司共管理着 1200 亿美元（约 17 万亿日元）的资产，公司规模并不大，但也因做空日本国债而名声大振。正如该公司的预期，日本央行在 2022 年 12 月决定缩减量化宽松政策的规模。同月，日本央行将长期利率目标从 0.25% 上调至 0.5%。蓝湾因此获得了巨额利润，首席投资官马克·道丁宣告了胜利，并表示"正如我们所料"。同时他还预测在植田上任后，日本央行将进一步缩减宽松政策规模，因此他决定持续做空日本国债。

2023 年 1 月，外国投资者抛售了 41 190 亿日元的日本国债（不包括短期国债）。这一数字刷新了日本国债历史单月最高抛售额，超过 2022 年 9 月的抛售额 2200 亿日元。

植田的就职新闻发布会正是举办于这一风口浪尖的时刻。若植田不小心透露缩减宽松政策规模的想法，那么日本国债的抛售热潮将席卷日本市场，日本的长期利率面临大幅上升的风险。

政界内部也暗藏着岩浆。

2023 年 2 月 27 日，植田受邀出席日本参议院运营委员会会议，会上对日本央行的人事任命进行了审批。其中一位提问者是日本参议院干事长世耕弘成，他是日本自民党安倍派在参议院的领袖之一。

世耕连续向植田发问："我作为内阁官房副长官兼经济产业大臣，参与了部分安倍经济学的方案制定工作，我想确认您对安倍经济学的评价，以及您是否会延续安倍经济学？（日本央行）是否有决心继续挑起这一重任？"

植田给予了安倍经济学极大的赞扬，表示："（日本政府和日本央行）采取了必要措施，避免了通货紧缩。此外，企业利润增加，就业机会扩大，尤其是在人口减少的情况下，女性和老年人的就业率都有所提高。我认为安倍经济学取得了实质性的成果。"

在日本央行人事任命方面，岸田官邸十分警惕日本自民党最大派系安倍派的动态。对于失去了领导者的安倍派而言，"安倍经济学"是该派系的最强向心力。部分安倍派议员甚至威胁政府，表示"如果要修正安倍经济学，将否决日本央行的人事方案"。世耕肩负着安倍派的信念，发出了这些疑问。从政治和市场的角度来看，植田都难以在上任初期就开始修改宽松政策。

## 2. 告别史上任期最长行长

### 黑田的自卖自夸

2023年4月7日,日本央行行长黑田东彦在众多员工的欢送下离开了位于东京日本桥本石町的日本央行总部。他的任期本应于4月8日届满,但由于当天是周六,因此退休仪式提前一天举行。黑田接过工作人员递上的一束鲜花后,深深地鞠了一躬,微笑着向大家挥手致意,然后坐上了车。在一片掌声中,黑田先生在车内继续微笑着挥手致意。

黑田东彦于2013年3月20日就任日本央行行长,在这一岗位上任劳任怨工作10年。在此前,从未有人能做到这一点。

在黑田领导的10年中,日本央行推出了有史以来规模最大的量化宽松政策。在这10年间,货币供应量的衡量指标——基础货币从134万亿日元增至646万亿日元,几乎是原来的五倍。日本央行累计购买国债达963万亿日元,截至2023年3月20日,日本央行持有的长期国债增加了近六倍,达575万亿日元。

从传统的利率政策来看,政策利率仅仅从最初的0%降

至 -0.1%。从影响实体经济的长期利率来看，长期利率也仅仅从一开始的 0.8% 降至略低于 0% 的水平。自黑田上任以来，利率政策就没有进一步宽松的余地，更别谈超宽松了。量化宽松政策通过大规模购买长期国债来提供资金，而这只是一场煽动通胀预期的"表演"，这一做法本身并不能提高企业和家庭对物价增长的预期。

2023 年 4 月 7 日下午 3 时 30 分，黑田身穿藏青色西装，佩戴淡蓝色领带，在日本央行总部召开了卸任前的最后一次记者招待会，并发表讲话。

"回顾十年前的日本经济，从 1998 年到 2012 年，我们经历了长达 15 年的通货紧缩。在这一背景下，日本央行于 2013 年开始导入量化与质化宽松政策。这一大规模宽松政策，与政府采取的各类措施一起，有效地提振了经济和物价，改变了我国物价持续下跌的通货紧缩状态。"

2022 年，日本的通货膨胀率为 2.3%。然而，2020 年和 2021 年的通货膨胀率均为 -0.2%，新冠疫情下的日本经济仍呈现通缩趋势。黑田体制下的量化宽松政策并没有完全消除通货紧缩，对此黑田表示："遗憾的是，长期的通货紧缩让人们默认工资和物价不会上涨。受这一根深蒂固的观念影响，我们未能持续稳定地实现 2% 的通货膨胀目标。"

这种观念是一种深入企业和家庭中的"社会传统观念"。人人都抱有物价不会上涨的假设行事，因此要改变低通胀预期极为困难。

令黑田引以为傲的是日本就业形势的改善。通货再膨胀派的经济学家也同样声称这是安倍经济学取得的成果。

"随着经济的好转，企业用人需求增加，除了新增了 400 多万个以女性和老年人为主的工作岗位，还改善了年轻人的就业环境。基本工资提高，劳动者报酬也随之增加。随着物价上涨逐渐体现为工资上涨，人们对工资和物价不会上涨的观念也发生了改变。在今年春季的劳资谈判中，根据当前的企业反馈，预计基本工资的上涨幅度将达 2% 以上，是 30 年来的最高水平。我认为大规模量化宽松政策成效明显，迄今为止的货币政策管理十分妥当。"

这十年里，日本的就业增长是否归功于量化宽松政策，这一点仍然值得商榷。如果说长期利率的略微下降是十年宽松政策的成果之一，那么它对就业的促进作用也是不可否认的。然而，如果将 400 万个就业岗位的增加全部归功于量化宽松政策，也未免过于绝对。

### 罗斯福般的决心

我参加了十年前,即2013年4月4日,黑田启动"量化与质化宽松政策"时的新闻发布会。那天,黑田眼神坚定地说道,"正如我多次强调的那样,我们将调动一切可能的政策,在两年时间内实现2%的通胀目标。量化与质化宽松政策中就包含了所有的措施,我坚信我们能够在两年时间内达成目标"。黑田展现了自己对改变日本经济停滞局面的坚定决心。

十年前,黑田想在公众面前展现的就是"罗斯福般的决心"。

从在日本财务省任职开始,黑田一直站在批判日本央行的前列,他也是美国经济学家保罗·克鲁格曼(现任纽约市立大学教授)的追随者。1998年,克鲁格曼发表了一篇题为"它回来了:日本的衰退与流动性陷阱的回归"(It's Baaack: Japan's Slump and the Return of the Liquidity Trap)的论文,严厉抨击了日本央行。该论文认为,日本走出通货紧缩需要"日本央行展现出罗斯福般的决心"。

黑田也表示:"回顾国内外历史,我们很少见到人们的通胀预期在短时间内发生巨变的案例,但每一个案例都是基于政策当局展现了坚定的决心,并采取了大胆的政策。例如,20世纪30年代的美国大萧条时期,罗斯福总统就明确展现了要走出通货紧缩的坚定决心,并实施了'新政'。"这是2013年12月,黑田担任日本央行行长第一年时在日本经济团体联合会上的讲话:"罗斯福总统的做法,让美国的通胀预期在相对较短的时间内发生了转变,并结束了大萧条带来的严重通缩。"

罗斯福指的是1933年就任美国总统的富兰克林·德拉诺·罗斯福。日本央行在2013年推出的量化与质化宽松政策旨在通过大规模的宽松政策"改变预期",即引导企业和家庭由通缩预期转向通胀预期。在改变预期方面,黑田将罗斯福视为榜样。

1933年,罗斯福就任美国总统,当时美国正陷入前所未有的经济危机之中,史称"大萧条"。当时美国的通胀率为-10%,通货紧缩问题极其严重,银行系统的不稳定以及就业形势的恶化看不到尽头。

当时,罗斯福使用"再通胀"一词向美国人民宣告:"我们贯彻提振物价的方针,直至物价恢复到大萧条之前的水平。"并强调道,"如果无法实现再通胀,我们将尝试其他方法，竭尽全力。"罗斯福希望通过展现自己摆脱大萧条的决心，改变人们根深蒂固的通缩预期。

随后，罗斯福政府取消了美元的金本位制，导致美元对黄金贬值了40%。美国通过促使美元贬值来摆脱通货紧缩。当时，成立仅20年的美联储也通过购买长期国债来支持罗斯福新政。可以说，这是如今量化宽松政策的第一阶段。美联储的总部大楼被命名为"埃克尔斯大楼"，这也是为了纪念罗斯福政府时期担任美联储主席的马里纳·埃克尔斯。

2013年4月，黑田启动QQE政策时曾表示："我们将结合量化和质化，实施与以往截然不同的量化宽松政策。"这是如同罗斯福"竭尽全力"一般的决心。在政策方面，黑田推出了前所未有的量化宽松政策，决定在两年内将基础货币翻倍，黑田用数字表明了自己的决心。

然而，在过去十年中，黑田的决心也有所动摇。在卸任记者会上，他含糊其词地说道："我并不是说引导预期的举措毫无意义或没有效果。"这暗示了和罗斯福一样"改变预期"十分困难。

黑田继续说道："我认为，通过量化与质化宽松政策大幅降低名义利率是非常重要的。无论在美国、日本还是欧洲，非传统货币政策都是通过直接影响长期国债和长期利率来实施的。因此，引导预期就意味着通过影响预期物价上涨率来降低实际利率。尽管这一点十分重要，但非传统货币政策本身就是一项直接调整政策利率，同时控制长期利率的政策。"

这段话有些难以理解，但这也正是黑田想要表达的。

2013年推出的QQE政策主要有三大措施：一是通过设定通胀目标和开始大规模的货币供应来"改变预期"，这是通货再膨胀派所推崇的举措；二是通过大量购买长期国债来降低长期利率；三是通过投资组合再平衡的策略，让日本央行购买长期国债，并让民间金融机构将资金用于放贷和投资风险资产。黑田在卸任记者会上表示，第一种措施（即改变预期）的效果不佳，而第二种降低长期利率的措施却有明显成效。曾在2013～2018年担任日本央行副行长的中曾宏也表达过类似的观点。

十年转瞬即逝。黑田向来信念坚定，对自己的理论有着不可动摇的信心。然而，"罗斯福般的决心"并未改变日本民众的零通胀预期，因此黑田的信念开始动摇了。这并不是因为他不够坚定，而是因为在宽松政策上他已经无计可施了。

其实，美国能够走出经济大萧条是由于1941年爆发的太平洋战争的巨额经费创造了大量需求。美国摆脱通货紧缩并非单纯依靠罗斯福般的决心。黑田实施超宽松政策时，日本已经处于零利率的状态，因此这一政策从一开始就存在缺陷。

大规模宽松政策改变的是市场投资者的心理预期。金融产品往往随投资者的预期而动。对黑田体制持批判态度的日本央行前理事（现任瑞穗研究技术公司执行经济学家）门间一夫也承认："引导市场参与者的心理预期对推动日元贬值、股票价格上升以及打破通货紧缩都起到了一定作用。"我将在第二章中为大家验证这些效果。

### 留英期间醉心于经济学

迄今为止，不断有批评的声音表示黑田的大规模宽松政策带来了严重的副作用，黑田对此有时也难掩不满。在黑田的卸任记者会上也有人提出了类似的质疑。我也曾在2021年9月代表《日本经济新闻》对黑田进行了一次独家专访，当时我就直截了当地指出：

"家庭利息收入减少、银行利润下降，长期实施宽松政策所带来的副作用似乎也在日益凸显。"

"与之前的宽松政策相比，当前经济形势的好转给金融机构带来了积极影响，就业形势的改善也提高了家庭收入。3月的报告清楚地显示，经济增长率和物价都有所提升。在评估宽松政策的副作用和成本时，需要结合模拟操作时的结果来进行对比。在讨论经济政策时，我们必须考虑其可行性和最优性。"

黑田想表达的是，尽管大规模宽松政策存在一些副作用，但当前的经济形势要比未实施QQE政策前更好。

日本央行在2021年3月发布了"实施更高效、持续的量化宽松政策的评估报告"，对自2013年以来实施的量化宽松政策所拉动的经济总量进行了评估。报告显示，截至2020年第三季度，日本国内生产总值（GDP）在7年里年均增长0.9%～1.3%，年均通胀率为0.6%～0.7%。

报纸只能传达以上这些没有感情的文字，但在与黑田交流的过程中，我明显地感受到了他复杂的情绪。

黑田并非要强硬地让大家接受日本央行的评估结果。他不满的是，日本没有人利用大型宏观经济模型，从数值和理论的角度来验证日本央行货币政策的效果。

黑田喜欢基于数值和理论的复杂讨论。2002年，当他还是财务大臣时，曾在英国《金融时报》发表了一篇题为《世界应该重新转向通胀政策之时》(Time for a switch to global reflation)的论文,引发了有关通胀目标的争议。

一位政府官员透露,日本"国际货币领导者"的老前辈行天丰雄曾表示:"我承认的天才只有三位,分别是黑田东彦、渡边博史(前财务官、日本国际协力银行前行长)和冰见野良三(现任日本央行副行长、金融厅前长官)。"

1967年,黑田从东京大学法学院毕业后入职大藏省。黑田在高中时曾崇拜伟大的科学哲学家卡尔·波普尔,后在东京大学学习法哲学。

1969～1971年,黑田在大藏省任职期间,攻读了英国牛津大学的经济学硕士,加深了对经济学的造诣。黑田还参加了由约翰·希克斯主讲的金融理论研讨会。

希克斯在1972年获得诺贝尔经济学奖。希克斯的研讨会只面向部分通过选拔的研究生。黑田后来曾表示:"这些机会是我正式开始学习货币理论和货币政策理论的契机。"

希克斯在1977年出版的《经济学展望》一书中,阐述了以下观点:"货币政策操作中的公告效应是人们对未来前景的一种心理预期变化,最终会引起实际的变化。这与霍特里所说的'心理效应'相同,但'心理效应'的描述并不恰当,因为它暗示着某些非理性的东西,而公告效应则是一种完全理性的方法。"

尽管这些术语有些深奥,但这正是黑田在2013年推出量化与质化宽松政策时所强调的"引导预期的效果"。如果中央银行设定了2%的通胀目标,并承诺竭尽全力,企业和家庭就会认为"未来通胀率一定会达到2%",从而相应地改变定价行为。黑田从很久以前就持有这种观点。虽然黑田拥有罗斯福般的决心,但他在英国留学期间也深受希克斯的启发。

希克斯还指出:"公众对未来的预期(完全合理的预期)是基于当前的可用数据形成的。货币政策操作是对可用数据的重要补充,并且会立即改变人们的预期。这就是笔者所谓的公告效应。从霍特里的分析中我们可知,'经典'的基准利率体系具有强大的公告效应。"

黑田对这一高级经济理论十分着迷。

英国曾是进行宏观经济分析的主要国家,但后来这一地位被美国取代了。如今,美国仍有许多大学和智库正在利用高级宏观经济模型进行研究。每年,来自世界各地的一些央行行长和经济学家会齐聚美国怀俄明州,参加杰克逊霍尔会议，共同探讨经济学的最新理论。

我曾多次前往怀俄明州报道杰克逊霍尔会议，有机会感受到会议的热烈气氛。日本并没有如此高水平的学术研讨会。日本迟迟未形成一个可供高知学者进行经济辩论的环境，这令黑田感到十分焦躁和沮丧。

黑田在卸任记者会上还提道："有关传统货币政策的分析已有100多年的历史，而有关非传统货币政策的研究在欧美也只有十几年的历史。日本自2001年推出量化宽松政策以来，已实施了20年的非传统货币政策。我相信，未来日本一定会开展更加充分的理论研究。"

黑田卸任日本央行行长后，转入学术界，成了政策研究大学院大学的高级研究员。

### 候选人之一山口

"为什么日本央行的老前辈对现任高层如此不满？尽管财务省内部也存在类似问题，但也不会像日本央行一样，公开批评现任高层。"

2023年初，黑田在临近卸任之际，对一位日本央行高层倒了苦水。日本央行的老前辈们不停劈头盖脸地批评黑田体制下的大规模宽松政策。现任高层对此感到愤愤不平："我们在以有限的手段尽最大的努力，然而，前辈们竟然在媒体面前如此严厉地批评我们，这实在令人难过。"

黑田体制的十年间，日本央行现任高层和往届前辈之间出现了微妙的裂痕。现任高层积极推动黑田提出的量化与质化宽松政策。然而，老前辈们却认为黑田体制和现任高层超出了央行的可控范围，公然否定了过去的日本央行体制。日本央行的现任高层都曾认定雨宫副行长将会接过黑田的接力棒，但资深的前辈们却抱有不同的看法。

一位颇具威望的前辈曾推荐在白川手下担任副行长的山口广秀作为黑田的继任者。

山口曾长期从事货币政策的制定工作，同时还与执政党和在野党的权威人士保持密切关系。在正常情况下，他应该是日本央行行长职位的有力竞争者。然而，由于安倍政府对白川体制的猛烈抨击，山口在2013年辞去了副行长一职。日本财务省的老前辈们也曾推荐过山口，据透露，"前副行长武藤敏郎（前财务次官）和前副财务次官丹吴泰健都是山口的支持者"。值得一提的是，武藤、丹吴和岸田首相都是开成中学的校友。

最终，一位日本央行高层称："若山口担任行长，白川体制很有可能卷土重来。政府出于对安倍派的考虑，就放弃了任用山口的方案。"日本央行有期盼山口回归的前辈，也有支持雨宫晋升的现任高层，双方意见存在分歧。有人认为，雨宫之所以坚决拒绝出任日本央行行长，有可能就是受到了日本央行前辈的影响。一位政府官员还透露："受自民党副总裁麻生太郎的委托的意愿，还曾询问过金融厅前长官森信亲出任日本央行行长。"

一位日本央行高层表示："黑田其实是希望雨宫升任行长的吧。毕竟他们曾经共事过，雨宫是继承黑田政策最合理的人选。"不过，黑田东彦从未试图干预过继任者的人事任命。

## 3. 阔别 18 年的圆桌会议

### 突如其来的华盛顿之行

美国首都华盛顿被誉为美国的赏樱胜地。

每年 3 月底，在白宫和国会大厦附近的波托马克河畔，3000 棵樱花树争相开放。1912 年，东京为纪念日美友好关系，将这些樱花树赠送给华盛顿。每年 3 月下旬至 4 月下旬，华盛顿市中心都会举办樱花节，以展示日本文化，樱花节也吸引了来自美国各地的众多游客。

世界银行和国际货币基金组织年度春季会议与樱花节同一时期举行，一些国家的货币和财政当局来到华盛顿。因此，每逢春季，华盛顿的酒店都一房难求，住宿价格也比平时高出 3 倍以上。

中国、日本、美国、欧盟和印度等 20 个国家和地区（G20）也会在年度春季会议期间举行财长和央行行长会议。2023 年 4 月 11 日，植田也在参加完就职记者会后的第二天匆匆赶赴华盛顿。

植田与美联储主席杰罗姆·鲍威尔、欧洲央行行长拉加德等多位资深央行行长进行了会面。植田表示："要想（在国际会议上）拥有发言权，我必须取得（央行行长们的）信任。"在回顾 G7 会议和 G20 会议时，植田回忆道："我们进行了非常坦诚且富有成效的讨论。我认为这得益于与会者之间的信任。"

每两个月，一些中央银行行长会在瑞士巴塞尔举行一次内部会议，会议上各国央行高层直呼其名，无须翻译和行政人员的介入，所有政策方案都由高层直接决定。此次植田的华盛顿之行，便是迈入这个圈子的第一步，会后他表示"取得了一些成果"。

然而，外国央行行长和国际货币基金组织官员更感兴趣的是，植田将如何修改黑田体制下的大规模量化宽松政策。

日本的货币政策将对国际市场产生巨大影响，特别是日元、美元和欧元这三大国际货币受到其他两方的货币政策的牵制。从日本央行的角度来看，日元汇率会因美联储的政策而发生巨变，其他国家的货币政策也会影响日本央行的政策方向。因此，央行行长需要相互交心，预测对方的下一步行动。

国际货币基金组织在此次年会上发布了《全球金融稳定报告》（GFSR），并根据该报告向植田提出了意见。国际货币基金组织是世界货币当局的大本营。

国际货币基金组织的意见是："如果日本央行修改收益率曲线控制政策，日本国债的利率将上升。如此一来，日本投资者的投资资金将从海外回流日本，这将对日本投资者积极购买的美国和欧洲主权债券（国债和政府债券）的收益率造成上升压力。"这一意见让日本央行退缩了。一旦植田决定修改日本央行的宽松政策，美国和欧洲的国债收益率也可能随之上升。国际货币基金组织还警告日本央行注意，日本投资者手上还持有一定比例的印度尼西亚、马来西亚等新兴国家的债券，日本修改宽松政策可能导致新兴国家面临资金大量外流的风险。

国际货币基金组织的意见也在《全球金融稳定报告》中有所体现："日本央行在进行政策调整时，开展明确且透明的沟通至关重要，这将有助于避免市场动荡。"

国际货币基金组织认为日本央行应避免出其不意地宣布取消收益率曲线控制政策，以免引发全球市场动荡。2022年12月，黑田突然宣布将收益率曲线控制政策中设定的长期利率上限目标从0.25%提高至0.5%。国际货币基金组织的文件中批评了黑田这种"出其不意"的做法。

一位陪同植田前往华盛顿的日本央行高层在接受《日本经济新闻》的采访时表示："（黑田前行长卸任后）我急切地希望能够尽快更新日本经济和货币政策的最新情况。"这番话从侧面对新任行长施加了压力——新任行长应避免独断专行的政策变化。

**摆在黑田面前的三大量化宽松政策**

2023年4月27日，植田和男身着灰色西装，再次坐到了阔别18年的货币政策决策会议的圆桌旁。这一次，植田的身份是日本央行新任行长。植田的右侧依次坐着副行长冰见野良三（金融厅前长官）和副行长内田真一。

2005年，植田离开日本央行时，时任日本央行行长是福井俊彦。日本央行的货币政策是由3位正副行长以及6位日本央行审议委员共同商议决定的。18年前，植田是9位政策委员中最年轻的一位。而现在，副行长冰见野良三63岁，副行长内田真一60岁，两个人都比植田小一轮，植田摇身成为最年长的委员。

植田在上任后首次召开的为期两天的决策会议上，重新审视了过去25年来的长期宽松政策。他曾在记者会上表示："我将重新审视并分析过去25年来的货币政策与工具，例如时间轴政策以及量化宽松政策，以加深对20世纪90年代末通货紧缩以来的政策理解，并总结有益于未来政策管理的见解。我们的重点不是判断政策的适当性，而是政策本身。"在过去的25年里，日本央行一直在尝试各种试验性量化宽松政策。这些政策到底发挥了多少作用，又带来了哪些副作用？在政策实施期间，日本经济又是如何发展的？现在需要植田冷静下来，仔细回顾一番。植田表示："有一位委员提醒我，在重新审视的过程中既不能自吹自擂，也不能妄自菲薄。"他独特的措辞缓和了记者会上的气氛。

当前日本央行的量化宽松政策主要分为三种。

（1）2%的通胀目标。

2013年，日本央行和安倍政府共同发布了一份"联合声明"，将通胀目标设定为2%，并开始了大胆的宽松政策。这一目标不仅是设定一个数字，还旨在让企业和家庭产生未来通胀率将达到2%的预期。2023年春，日本的通胀率已经超过3%，但由于原油等能源价格上涨，日本未能将通胀率稳定在2%。植田表示，"我们希望尽快实现目标，但这并非易事"。

为什么将通胀目标设定为2%？有观点认为，这是为了防止通胀率降至0%以下，为了避免日本出现通货紧缩而预留出的缓冲空间。如果将通胀率维持在2%，日本就可以适度提高政策利率，从而在经济衰退时有降低利率的余地。如果日本长期保持零通胀和零利率，日本就很难在经济衰退时采取宽松政策来刺激经济。

（2）含长短期利率控制的量化与质化宽松政策。

从这一货币政策名称的长度就可以看出，黑田在10年里不断调整着宽松政策。该政策共包括三种具体措施。

1）收益率曲线控制政策。

该政策始于2016年。按照目前的政策，长期利率（10年期日本国债收益率）的上限目标被控制在0.5%。日本央行要控制利率，就必须购买长期国债。当前，全球利率不断上升，这也给日本国债收益率带来了上升压力。2022年，日本央行为控制利率，被迫购买了111万亿日元的日本国债。截至2022年底，日本政府发行的国债总额为1051万亿日元，其中日本央行持有的国债达到了547万亿日元，持有比例为52%，创下了历史纪录。但这种情况能够持续多久？公众认为，植田上任后将率先开始调整YCC政策。经济学家出身的植田是一位自由市场主义者，一位日本央行高层称，"植田行长颇为反感央行人为控制长期利率的行为"。

2）负利率政策。

-0.1%的负利率适用于短期利率，负利率的对象是民营银行存放在日本央行的一部分资金。一般情况下，银行存款会因为正利率而增加，但如果利率为负，那么银行存款反而会被处以罚款。负利率政策的目的就是鼓励民营银行将资金用于放贷或风险投资，而不是将资金简单地存放在日本央行内。2014～2022年，欧洲央行也曾实施过负利率政策。一旦负利率重新回到零利率或正利率，就意味着利率上升。对于植田体制下的日本央行来说，是否取消负利率政策是一个十分艰难且重要的选择。

3）购买风险资产。

除长期国债外，日本央行还购买了各种各样的金融产品，如交易所交易基金（ETF）和房地产投资信托基金（REIT）。其中，日本央行最多一年可增购 ETF 12 万亿日元，增购 REIT 1800 亿日元。实际上，日本央行正在逐渐减少对 ETF 的投资。2020 年新冠疫情期间，ETF 的增购量高达 7 万亿日元，但到了 2022 年，这一数字降至 6300 亿日元。截至 2022 年 3 月底，东京证券交易所的 ETF 投资总额为 730.4 万亿日元（以时价计算），其中日本央行的持有金额为 51.3 万亿日元（以时价计算），占比约为 7%。日本公众常认为日本央行从黑田时期才开始购买风险产品，但实际上，日本央行购买风险产品的做法始于白川方明时期的全面宽松政策（2010 年）。

（3）通胀超调承诺。

尽管这一措施有些过于形式化，但日本央行为了将通胀率维持在 2% 的稳定水平，向公众承诺将"持续增加基础货币，直到通胀率稳定保持在 2% 以上"。这意味着即使通胀率达到2%,日本央行也不会立即取消量化宽松政策。这一策略源自植田在1999年提出的"时间轴政策",即通过承诺长期实施量化宽松政策来降低长期利率。事实上,日本的通胀率在2022年12月曾上升到了4%,当时日本央行也没有进行有关缩减宽松政策规模的讨论。植田十分看好时间轴政策,因此公众认为植田可能会换个形式继续执行通胀超调承诺。

20世纪90年代之前,货币政策只停留在调整利率大小的阶段。然而,进入21世纪后,日本就已经失去了降息空间,于是日本央行开始引入量化宽松政策、购买风险资产、负利率政策等措施,货币政策愈加错综复杂。日本央行推出的稀奇古怪的货币政策不断勾起市场上的日本央行粉丝和宏观经济学家的好奇心,然而对于普通民众来说,日本央行的政策越来越难以理解。

货币政策路向何方?在拨开迷雾之前,我们首先需要了解日本前首相安倍晋三的经济政策——"安倍经济学"的诞生历程。

第二章

# 安倍经济学之跨世纪的实验

(2013～2018 年)

## 1. 不采取逐步刺激的战术

### 安倍重返政坛与日本央行行长

"不要害怕。我希望你们放手一搏。"

2013年3月20日,曾任亚洲开发银行行长的黑田东彦出任日本央行第31任行长。一上任,他立即召集日本央行负责企划的雨宫正佳等人,安排了制定大规模量化宽松政策的任务。

企划团队的人员表示,"黑田的指示十分简单。当时和之后都没有提出详细的政策要求"。雨宫和他的团队迅速开始探讨具体措施,并提出了一项史无前例的政策,即在两年内将持有的日本国债数量增加一倍,并将基础货币增加一倍,以在两年内实现2%的通胀率。

2013年4月4日,日本央行启动了一项名为"量化与质化宽松政策"的大规模量化宽松政策。当时,黑田东彦刚上任不到两周。

金融市场正迫切期待着央行放水。股票市场则预见到了日本将迎来大规模的宽松政策,已经开始大幅上涨,呈现了久违的强劲走势。

在 2013 年 4 月 4 日的新闻发布会上，黑田骄傲地宣称："为了在两年内实现 2% 的通胀目标，我们没有选择逐步刺激的战术，而是采取了一切有必要的政策。我们将结合量化和质化，实施与以往截然不同的量化宽松政策。"自那以后，量化与质化宽松政策便被称为"超宽松政策"。

4 月 4 日，日本央行宣布启动大规模宽松政策后，日经平均指数比前一天上涨了 272 点。两周时间里，日经平均指数共上涨了近 900 点，涨幅约为 7%。

日本央行实施这一政策的目的是干预日元的过度升值。自 2008 年雷曼危机以来，日元的间歇性升值一直压迫着日本的经济增长。

日元的外汇汇率从 2012 年 9 月的 1 美元兑 77 日元到 2013 年 5 月的 1 美元兑 103 日元，贬值 26 日元。日元大幅贬值的原因之一是货币政策改变了市场的通胀预期。由此，"安倍经济学市场"正式开启，日元贬值与股价上涨开始出现连锁反应。日本经济界普遍认为，日本将有望改变泡沫经济破裂后日本经济的长期停滞。

另一方面，安倍经济学的诞生过程还伴随着十分浓厚的政治色彩。

## 第二章 安倍经济学之跨世纪的实验

2006年,52岁的安倍晋三成为日本战后最年轻的首相,然而不到一年,安倍就因溃疡性结肠炎复发而辞去了首相一职。2012年冬,安倍养精蓄锐,重返政坛。当时,日本政府的首要议题已经变成"大胆的量化宽松政策"。这一决策是出身政治世家,却曾一败涂地的安倍晋三与曾饱受争议、积怨已久的"通货再膨胀派"共同吹响的反击号角。

"政府将与日本央行通力合作,调整货币政策,设定2%～3%的通胀目标,并实施无限量化宽松政策。我承诺,我们将摆脱通货紧缩,并努力推进对汇率和股市都将产生重大影响的宽松政策。"

2012年11月15日,日本自民党总裁安倍晋三在东京发表演讲,并在演讲中许下了如此大胆的承诺。当天,东京的最低气温达到8摄氏度,冬天的脚步已悄然走近。然而,安倍却露出了即将告别严冬的神情。

前一天,时任首相野田佳彦(民主党)在与安倍进行党首会谈时,突然宣布解散众议院。野田对安倍斩钉截铁地说道:"我会在16日解散众议院,所以,放手去做吧!"面对野田出乎意料的表态,安倍不忘确认道:"这是您说的,您可得保证。"

自2009年开始，日本民主党便长期执政日本。然而，民主党应对东日本大地震以及核电站事故方面存在的失误，导致民主党的支持率不断下降。若举行众议院选举，安倍将稳操胜券。这对于曾因溃疡性结肠炎而辞职的安倍来说，是一次难得的卷土重来的机会。

首届安倍政府积极推行"摆脱战后体制"，保守主张理念先行的外交和安全保障政策。这次安倍决定将政治核心放在削弱日元和提高股价的量化宽松政策上。"外交和安全保障的安倍"摇身变为"经济强人安倍"。

此前，尚未有政治家将量化宽松政策作为选举的议题。自1998年新《日本银行法》生效以来，日本央行获得了"货币政策自主权"，日本政界普遍认为政治家干预日本央行政策管理的做法已经过时。然而，安倍晋三却打破了这一政界常识，巩固了自己作为改革者的形象。

安倍晋三在众议院选举时宣称"将实施无限量化宽松政策"，金融市场坚信自民党将重新执政。由于市场产生了日本央行将要大放水的预期，日经平均指数在一个月内上涨了1000多点。

市场环境极好，对全球经济造成严重打击的欧洲债务危

## 第二章 安倍经济学之跨世纪的实验

机也终于有所缓解，2012年下半年，投资者的情绪逐渐从悲观转为乐观。寻求看涨信号的金融市场如同海绵一般迅速吸收了安倍的"无限宽松"政策。

如此，安倍经济学奠定了其"用振奋人心的呼吁，引导市场预期"的基础。当时曾有日本央行高层泼冷水道："日本央行又没有轮转印刷机，量化宽松怎么可能成为选举的议题呢？㊀"然而，安倍的发言促成了市场的向好态势，因此他也愈加倾向于主张量化宽松。

安倍曾因溃疡性结肠炎而中途辞职，这导致他的形象略显软弱。安倍的外祖父是日本前首相岸信介，父亲是日本前外相安倍晋太郎。这一出众的家庭背景，却并没有成为绝对的有利条件。安倍政府的内阁大臣曾被批判为"朋友内阁"，这也导致安倍给人留下了软弱政治家的印象。

然而，2012年9月再度出任日本首相的安倍晋三，却将日本央行视为假想敌，对其进行了彻底抨击，并要求日本央行实施"无限宽松"政策。安倍认定精英云集的日本央行是日本经济长期停滞的罪魁祸首，并勇于批判的行为，足以打破他以往"软弱政治家"的形象。

---

㊀ 指日本央行不能没有成本地增加货币供应。——译者注

**少数派支持的量化宽松主张**

众所周知，安倍复出的幕后推手之一是后来成为内阁官房长官，并成为安倍继任者的菅义伟。然而，提出量化宽松主张的却是在日本自民党内长期被视为少数派的前众议院议员山本幸三。

山本是一位金融专家，他于1971年从东京大学经济学部毕业，曾是小宫隆太郎研讨课的学生，比白川方明大一届。正如在序章中的介绍，小宫研讨课还培养出了后来担任日本央行副行长的中曾宏。现任行长植田和男也曾受到过小宫的教诲，日本央行的核心部门内有许多小宫的学生。山本之所以长期以来在政界被视为少数派，主要是由于他的议员工作都集中在批判大藏省和日本央行的政策方面，这也导致了他很难赢得选票。

东日本大地震后，山本与安倍变得更加亲密。地震发生后，日元汇率立即飙升至1美元兑76日元的水平，沉重打击了灾后的日本经济。

山本提出了题为"由日本央行购买20万亿日元的国债，用于救援和重建"的政策建议，并穿梭于永田町的政府部门之间。山本与支持该提案的田村宪久等人准备成立一个议员联盟，并建议让安倍晋三来担任负责人。

2006年，日本央行取消了量化宽松政策，时任内阁官房长官的安倍十分不满这一决定。从那时起，安倍便开始了对日本央行的严厉抨击，表示"过早地取消宽松政策将会导致通货紧缩"。山本十分清楚这件事的起因和经过。

山本来到安倍的办公室，邀请安倍担任议员联盟负责人，并劝说道："要想在政坛东山再起，你必须成为'经济强人安倍'。如果经济好转，选举也就有望了。"正在寻找重掌政权之道的安倍听到"经济强人安倍"之后，醍醐灌顶。他接受了山本的劝说，开始担任议员联盟的负责人。

2012年6月，山本等人成立了"非增税确保复兴财源协会"，由安倍担任会长。后来成为安倍政府智囊团成员的耶鲁大学名誉教授滨田宏一，以及后来成为日本央行副行长的学习院大学教授岩田规久男都参加了该协会的研讨会。他们都推崇"通货再膨胀"理论，即通过放水来创造温和的通货膨胀。

据知情人士透露，岩田曾向安倍建议，如果日本经济能保持4%的名义增长率，那么日本的名义GDP将增长至2010年的两倍。如此一来，日本就可以不被中国超越，继续保持住世界第二大经济体的地位。尽管安倍是一名右翼政治家，主张加强外交和安全保障政策，但从那时起他开始思考经济理论。安倍开始阅读滨田和岩田的著作，山本曾评价道："仅用了一年时间，安倍先生就成了通货再膨胀主义的领跑者。"

2012年11月16日，日本众议院解散。自民党在政策建议中提到："我们将优先摆脱通货紧缩和日元过强的现状，实现3%以上的名义增长率。我们将设定明确的通胀目标（2%），并考虑修订《日本银行法》，以加强政府与日本央行之间的合作，实施大胆的量化宽松政策。"

安倍的身后不仅有山本和岩田，还聚集了许多后来支持安倍经济学的人才，其中的核心人物就是静冈县立大学教授、前财务省官员本田悦郎。

本田自20世纪80年代以来就与安倍保持着深厚的友谊，同时与岩田规久男也十分熟悉。尽管本田在日本经济界和政界一直默默无闻，但新晋的"经济强人安倍"吸引了许多这样的少数派，其中最典型的就是处于学术界和商界边缘的"通货再膨胀派"，他们主张抨击日本央行。

支持安倍的通货再膨胀派主要有两股力量。一股是曾在1998～2002年担任日本央行审议委员的中原伸之一派。中原毕业于哈佛大学，在担任日本央行审议委员期间，他自行招揽人才，集思广益，不断提出开创性的货币政策，因此而受到瞩目。中原师从货币主义经济学家米尔顿·弗里德曼，中原在日本的政策智囊团包括时任三和综合研究所首席研究员的岛中雄二（现任白鸥大学教授）等人。岛中也同样主张大规模的资金供应。

2012年11月中旬，日本众议院解散尘埃落定之时，自民党总裁安倍晋三参加了由自己的商界支持者组成的交流会"晋如会"，该交流会的组织者就是中原。中原已与安倍来往30多年，他向安倍递交了一份1998年以来日本货币政策的总结文件。文件严厉指出了日本央行在赋予日本央行独立性的新《日本银行法》下屡屡失败的原因，强调了2007年首届安倍政府的加息政策所带来的政治上的"失败"，暗示了加息对政府支持率的影响。自此，安倍开始主张修改《日本银行法》以限制日本央行货币政策的独立性，并以此向日本央行施压。中原在担任审议委员期间曾与日本央行执行委员会发生过摩擦，因此他深知日本央行最反感的是什么。

另一股力量是后来成为副行长的岩田规久男等"昭和恐慌研究小组"的成员。岩田也是小宫隆太郎的学生，他认为只要日本央行放水，日本就能摆脱通货紧缩，这一观点在当时被视为少数派。岩田与日本央行主流派翁邦雄之间展开的货币政策争论引发了轰动,被称为"岩田-翁争论"。最终,由于小宫隆太郎站在了日本央行一边,争论的天平最终向翁邦雄一方倾斜,岩田在学术界也变得越来越孤立。

岩田为了卷土重来,特地召集了志同道合的朋友,共同出版了《昭和恐慌研究》(2004年出版)。除了岩田,后来成为日本央行副行长的若田部昌澄,以及日本央行审议委员原田泰和安达诚司等人也参与了这本书的写作。他们成立了"昭和恐慌研究小组",主张不计副作用地实施大规模宽松政策,他们成了"安倍经济学"的核心人物,对日本的货币政策产生了深远的影响。在山本幸三的牵线搭桥下,岩田及其研究小组与安倍的关系愈加亲密。

在2012年冬季的日本众议院选举上,安倍遵循了本田和岩田等人的建议,主张推出"无限宽松"政策。随着股价的上涨,安倍对岩田等通货再膨胀派也越来越信任。

2012年12月16日举行的总选举上,自民党以绝对的优势获得了胜利,安倍晋三再度拜相。12月26日,第二届安倍政府成立,安倍宣布"射出三支箭,即大胆的货币政策、灵活的财政政策、振兴民间投资的经济增长政策,以加强经济"。安倍经济学射出的第一支利箭,就是量化宽松政策。

### 四位行长候选人

当时，时任日本央行行长白川方明计划于 2013 年 4 月卸任，金融市场十分关注将由谁来实现安倍承诺的"无限宽松"。

实际上，行长人选并非一开始就确定了黑田。当时安倍官邸的一位经济学者称，"一共有四位候选人"。

除黑田外，另外三位候选人分别是曾向安倍提出通货再膨胀主张的岩田规久男、曾在福井俊彦担任行长期间（2003～2008 年）担任副行长的日本经济研究中心理事长岩田一政，以及深受日本央行和财务省青睐的日本央行前副行长武藤敏郎（前财务次官）。

武藤在 2003～2008 年期间担任日本央行副行长，曾是接替 2008 年退休的福井俊彦的有力竞争者。然而，由于当时的日本国会处于"扭曲"状态（自民党主导众议院，民主党主导参议院），因此在野党民主党以"前财务次官不能出任央行行长"为理由，否决了人事任命。

财务省为了挽回前财务次官的失败，特地再次为武藤创造了晋升机会，日本央行也同样折服于武藤身经百战的协调能力。此外，速水、福井、白川连续三任行长都由日本央行内部人士担任，日本央行也希望借此机会，引入财务省出身的武藤，以促进政界改革。

然而，随着安倍政府上台，武藤的竞争力也大打折扣。2006年，在武藤担任副行长期间，日本央行取消了量化宽松政策，而安倍刚好对此持反对意见。此外，当时国会仍处于"扭曲"状态，即使众议院通过任命武藤为行长的提案，参议院批准提案的可能性也微乎其微。一位当时的日本央行高层表示，武藤拒绝了这一提名，称很感谢财务省和日本央行的器重，但不希望再次遭到日本国会的否决。

安倍非常欣赏四位候选人中的岩田规久男，他是"通货再膨胀派"的核心人物。岩田于1966年从东京大学经济学部毕业后，进入上智大学和学习院大学任教。岩田原本是一位城市经济学家，但因前文所提到的"岩田－翁争论"而备受关注。岩田主张"只要日本央行通过量化宽松政策来增加经济社会的货币量，那么物价就会上涨。日本央行应该为当前的通货紧缩负责"。与之相反，日本央行主流派翁邦雄从实证角度进行了反驳，主张"日本央行无法控制货币供应量"。日本学术界大多认为翁的观点更具说服力。

尽管如此，安倍坚信自己之所以能够重返首相宝座，都得益于岩田等"通货再膨胀派"的建议。岩田设计的"无限宽松"政策提振了股市,给市场留下了"经济强人安倍"的印象。参与日本央行行长人事任命的一位安倍政府智囊团成员透露:"在征求了安倍的意见后,我向岩田发出了出任日本央行行长的邀请。"

然而,他还透露,岩田本人明确拒绝了邀请,并表示副行长的职位更适合自己,希望自己作为一名经济学专家和学者来辅助行长。另一位安倍政府智囊团成员称,财务大臣麻生太郎曾向安倍提议:"日本央行行长不能是一名学者,必须是一名管理人才。"日本央行作为一个拥有近5000名员工的大型组织,负责日本的清算体系等庞大的经济基础设施。岩田并不具备出任日本央行行长一职所需的经验和条件。

安倍政府智囊团表示,外国对安倍经济学十分戒备,在这种压力的影响下,岩田的提名计划才终告失败。2013年1月,在欧洲中央银行拥有话语权的德意志联邦银行(德国中央银行)行长魏德曼批评了安倍政府利用日本央行来削弱日元的做法。

英国央行行长默文·金恩也含蓄地批评了日本,称"一部分国家正在采取措施使本国货币贬值"。通用汽车公司(GM)等美国汽车公司也呼吁奥巴马政府做出回应,称"日本自民党为了促进日本经济增长,正在采取'以邻为壑'的经济政策,企图利用日元贬值牺牲贸易伙伴"。安倍政府一上台就急需能够在国际金融界进行对外谈判的能人志士。

经济外交是为国家争取利益的一条明路,然而岩田规久男却缺乏经济外交的经验,同时缺少与其他主要货币掌舵人之间的沟通渠道,导致日本的经济政策无法得到广泛且充分的认知。因此,尽管安倍首相一直坚持任命岩田,但最终不得不取消这一方案。

在安倍政府智囊团中,有经济学家支持曾在2003~2008年间担任副行长的岩田一政,他也因此一度成为行长职位的最有力竞争者。然而,他的政策观点却成了最大的阻碍。岩田一政主张购买美国国债等外国债券,作为日本央行进一步的宽松措施。这也是一项推动日元贬值的货币政策,因此可能会遭到外国政府的强烈反对。此外,2006年,日本取消量化宽松政策时,岩田一政并没有持反对意见,这一点和武藤一样。因此,安倍也无法积极推进对岩田一政的人事任命。

此时,在国际上拥有一定地位的前财务官黑田东彦引起了人们的注意。安倍政府需要一位具有国际谈判技巧的人才,以说服魏德曼等安倍经济学的外国批评者。

## 第二章 安倍经济学之跨世纪的实验

尽管黑田始终与滨田宏一和岩田规久男等通货再膨胀派保持距离，但他由于一直站在批判日本央行的前线，而倍受霞关的关注。2002年12月，黑田在担任财务官期间曾在《金融时报》发表了一篇题为"*Time for a switch to global reflation*"（《全球性通货膨胀正当其时》）的论文，呼吁日本央行设定3%的通货膨胀目标，并大规模放水。此外，他还在2005年出版的著作中严厉批评了日本央行，表示无论通货紧缩的原因是什么，日本央行都应该承担责任。黑田是前财务省成员，因此他的任命也很容易得到麻生等人的认可。

然而，黑田当时正在担任亚洲开发银行行长。如果他被任命为日本央行行长，就必须在任期中途放下亚行行长的"衣钵"。安倍政府智囊团成员透露，当时与黑田联系的是时任内阁官房参事、前财务官本田悦朗。

黑田坦率地表达了愿意接受日本央行行长一职的意愿，并告诉本田："如果能够出任日本央行行长，那将是我莫大的荣幸。"至此，黑田东彦一跃成为日本央行行长的有力候选人。

接下来是黑田体制的阵容安排。日本央行共有两个副行长的名额。很快，岩田规久男就被确定为副行长之一。

然而，另一个副行长职位的人选却陷入了日本央行出身的副行长山口广秀是否继续留任的争议中。据知情人士透露，当时即将卸任的白川曾极力推荐山口留任副行长，他认为即使下一任行长要加强量化宽松政策，也需要保持一定程度上的连续性。财务大臣麻生太郎赞同白川的观点，并建议安倍让山口继续留任。

然而，通货再膨胀派再一次推翻了山口留任的提案。本田向安倍提议，"要实现体制改革，必须彻底清除白川体制"。至此，留任山口的计划被推翻。有人推荐由本田的老熟人——日本央行理事中曾宏来担任副行长，安倍接受了这一提名。2013年2月22日，安倍晋三正式致电黑田、岩田和中曾，询问三人的就任意向。

### 批判日本央行的声音日积月累

让我们简要回顾一下日本当时的经济形势。

日本经济陷入长期低迷。从1998年到2012年，除了石油价格飙升的2008年，日本物价几乎一直下降。也就是说，日本陷入了通货紧缩。

随着战后高速增长期的结束和20世纪90年代经济泡沫的破裂，日本经济完全失去了动力。小泉纯一郎政府（2001～2006年）认为日本经济停滞的原因在于银行持有的大量不良债权，着力解决这一问题。然而，即使解决了日本企业的三大过剩（雇佣过剩、设备过剩和债务过剩）问题，日本经济也并没有回到强劲增长的轨道上。

按照年代来看，20世纪60年代前期，日本经济的年均增长率为9%，而后期的年均增长率为11%，这段时间延续了战后经济的高增长率。然而，进入70年代后，日本经济的年均增长率急剧下降至5%左右。随着20世纪90年代泡沫破裂，日本经济正式进入了年均增长率1%的低迷期。21世纪头十年以后，日本经济的年均增长率保持在0%左右，日本经济陷入了被称为"失去的二十年"的长期停滞。

在此期间，日本政界和学术界强烈主张"货币政策的宽松力度不足"，并将日本央行视为罪犯。日本物价长年下降的现象，成了日本央行受到批判的决定性原因。

此外，日本央行受到批判的另一个主要原因是与通货紧缩同时期出现的日元升值。日元汇率从1998年6月通货紧缩开始前的1美元兑140日元飙升至2011年的1美元兑76日元。日元汇率每升值1点，日本出口企业的收入都将减少2000亿日元，日本经济界对此十分担心。尽管日元升值有部分降低进口价格的作用，但当时人们认为日本经济萧条的一大原因就在于日元的升值。实际上，东日本大地震后的日元升值也是日本制造业流向海外的原因之一。

不仅日本国内对日本央行进行了批判，就连美国主流经济学家也站在了批判日本央行的前线。

以研究 20 世纪 30 年代的大萧条闻名的本·伯南克（后任美联储主席）在 1999 年发表的论文中，尖锐地评价道："由于过去 15 年的货币政策力度不足，日本央行亲手将自己推向了功能失调。"2008 年获得诺贝尔经济学奖的保罗·克鲁格曼（现任纽约市立大学教授）也向日本央行提出了大胆的政策建议，即连续 15 年保持 4% 的通胀目标。

在美国主流宏观经济学家眼里，日本作为战后唯一经历过通货紧缩的发达国家，是试验经济理论的绝佳实验室。后来，伯南克坦率地透露了他当时的感受："作为一名研究人员，我对日本的通货紧缩充满了求知欲。"日本的经济学仍处于发展阶段，而且是建立在外国经济理论的基础上的。而美国的经济数据极为丰富，且具有强大的世界影响力。

岩田等通货再膨胀派采纳了美国主流经济学家对日本央行的批评。黑田虽然一直与通货再膨胀派划清界限，但也毫无保留地称赞克鲁格曼在 1998 年发表的论文是"一篇出色的论文，利用简单的理论框架推导出了重要的政策内涵"。

黑田和岩田搭档后，日本央行开始实施美国主流经济学家出于"求知欲"而提出的量化宽松政策。其实后来伯南克和克鲁格曼都修正了自己的观点，认为自己的理论不足以支撑日本央行实施大规模宽松政策，关于这一点，我将在后文中为大家介绍。但在当时，谁都无法预料到这样的未来。

**重操设计的雨宫**

在确定接任日本央行行长后，黑田做的第一件事就是进行人事调整。2013 年 3 月 18 日，他将曾在白川体制下担任日本央行大阪分行行长的雨宫正佳调回东京，并再次提拔雨宫担任企划负责人，负责货币政策的设计工作。虽然当时黑田尚未正式就任，但他通过中曾宏联系了当时的副行长山口广秀，在新体制上台前实施了人事调动。

雨宫是 2001 年量化宽松政策的设计者之一，被誉为"日银先生"。他曾在白川体制下担任日本央行企划局局长和企划担当理事，并参与了"全面量化宽松政策"等政策的设计工作。雨宫进入日本央行后，由于缺乏分行行长的工作经验，他主动向山口广秀申请调到分行工作。白川以"任期一年"为前提，接受了雨宫的请求，将他调到大阪分行担任分行行长。

黑田接受了日本财务省的建议,将雨宫从大阪调回总部。最终,黑田与雨宫以幕前幕后的角色,携手推出了超宽松政策。

雨宫回归后,企划团队立即根据宏观经济模型计算出将通胀率提高到2%所需的量化宽松政策。同时,他们还计算出代表日本经济中产出与需求差异的"货币缺口",并分析了为弥补该缺口所需降低的利率值。

根据相关人士的透露,企划团队所规划的政策传导路线包括以下内容。

通过实施量化宽松政策来降低2年期和10年期日本国债利率,从而促使日元贬值,并通过进口价格的上升来拉高整体通胀率。一旦通胀率上升,实际工资水平就会下降,从而进一步刺激企业的招聘活动,促进就业增长。这种传导路线将有助于推动日本实体经济增长,逐步提升日本工资水平。根据宏观经济模型的分析,实现这一过程需要实施每年增持50万亿日元长期国债的大规模宽松政策。

然而,无论是当时还是现在,企划团队都没有对这一计算进行详细说明。这是由于企划团队与黑田行长和岩田副行长的政策思路略有不同。黑田和岩田希望遵循伯南克、克鲁格曼的理论，通过大规模货币宽松措施来引导公众产生"通胀预期"。

例如，岩田在2013年8月公布的政策传导路线图（见图2-1）显示，"2%的通胀目标承诺"和"增加基础货币"首先将导致"预期通胀率上升"。随着"预期通胀率上升"，逐步实现日元贬值、投资增加，这一设计理念与克鲁格曼等人提出的"引导预期的政策"如出一辙。

然而，拥有多年实战经验的日本央行企划团队对仅靠量化宽松政策就能产生通胀预期的理论表示怀疑。企划团队私下设计的政策传导路线中并不包括"通过2%的通胀目标承诺来提高预期通胀率"。

日本央行企划局没有向外部介绍内部的政策传导路线的另一个原因在于，利用大规模宽松政策促使日元贬值的做法与国际共识相悖。

G7和G20不承认"以诱导货币贬值为目的的量化宽松政策"。因为这种货币政策有可能导致各国陷入无休止的货币贬值竞争，这与国际合作的理念背道而驰。

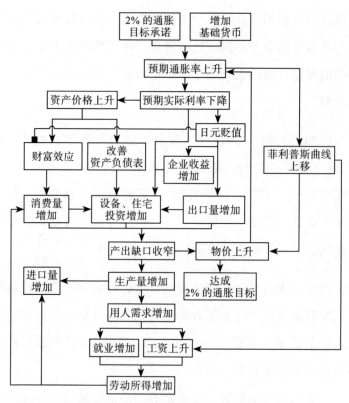

图 2-1　量化与质化宽松政策传导路线图

资料来源：日本银行资料，量化与质化宽松政策传导机制（岩田规久男）。

## 2. "火箭筒"发射

### "110分的量化宽松政策"

"日本央行将在2年左右的时间内，尽快实现消费者物价指数同比上升2%的通胀目标。如果像迄今为止那样通过逐步扩大量化与质化宽松政策规模来摆脱通货紧缩,我们将无法实现2%的通胀目标。"

2013年4月4日下午,位于东京日本桥本石町的日本央行总部召开了新闻发布会。会上黑田东彦行长手持排列着"2%""2年""2倍"的展示板,对当日启动的量化与质化宽松政策进行了说明。

黑田强调道:"这是一笔极其庞大的资金,超出了市场参与者的常识。我们没有选择逐步刺激的战术,而是采取了一切有必要的政策。"

QQE政策主要由四大政策组成。

第一,明确通胀目标,即在两年内实现2%的通胀率。中央银行一旦明示通胀率将达到2%,那么公众的通胀预期便会向其靠拢,从而改变定价行为,最终自我实现2%的通胀目标。这符合伯南克、克鲁格曼等主流经济学家提出的"理性预期理论"。

第二,将货币政策的调节对象从短期利率转变为货币供应量(基础货币)。这是自2001年至2006年量化宽松政策实施以来，日本首次将货币供应量设定为政策目标。具体措施包括以每年60万亿~70万亿日元的速度放水，并在两年后将货币供应量从当时的138万亿日元翻番至270万亿日元。通货再膨胀派的岩田副行长曾大力推行量化宽松政策。受通货再膨胀派的影响，安倍政府也十分执着于基础货币，而日本央行执行委员会虽然对放水的效果心存疑虑，但也默许了这一做法。

第三，将大量购买长期国债定为放水的手段。这是黑田行长最为坚持的一点。长期以来，黑田认为，如果日本央行要进一步宽松，那么最有效的手段就是通过大量购买长期国债来降低长期利率。最终，日本央行决定，QQE政策将以每年增购50万亿日元的方式，在两年内使日本央行的长期国债持有量翻一番，达到190万亿日元。当时，日本政府每月发行约10万亿日元的国债，加上偿还的部分，日本央行需要承担70%的国债。可见，QQE政策是一项大胆的巨额购买计划。

第四，扩大购买风险资产。通过购买交易所交易基金和房地产投资信托基金，促使包括股票和房地产市场在内的所有金融市场进入宽松状态。日本央行在白川时期便已开始购买风险资产，但在QQE政策下的购买规模比之前增加了一位数。

"我们将在两年时间内,调动一切可能的政策,实现2%的通胀目标。我深信,目前我们的政策已经纳入了所有必要的措施,我们有能力在两年内达成通胀目标。"黑田再次重申了这一点,并结束了决策会议后的首次新闻发布会。

"这次量化宽松政策的大胆程度远超我的预期,我想给它打110分。"经济财政大臣甘利明出席了2013年4月4日举行的决策会议,并对日本央行放手启动大规模的QQE政策感到高兴。

日本金融市场早就预料到日本央行将会推出一项大规模的宽松政策,但此次的QQE政策要在2年内将央行持有的长期国债翻一番,这一规模超出了市场预期。市场上惊喜不断,长期利率急剧下降至0.425%,创下了历史新低。

首相安倍晋三在当天的电视节目中高度赞赏黑田:"我之所以选择黑田担任行长,就是期待他采取与以往截然不同的货币政策。他完美地满足了我的期待。"

外汇市场也出现了剧烈的波动。2013年4月4日,日元从1美元兑92日元大幅贬值至1美元兑96日元。影响日元兑美元汇率的因素之一是日本和美国之间的利差。一旦日本的长期利率下降,日元投资就无法赚取收益,因此投资资金将会流向美元。这样一来，市场上将产生抛售日元和购买美元的连锁反应，进一步促使日元贬值。

此外，基础货币的增减变化也将影响外汇市场，这一理论被称为"索罗斯图表"。虽然随着20世纪80年代的金融自由化，这一理论已虚有其表，但投资者仍然在意这一理论。虽然这一政策看起来更像是引导公众产生误解而不是改变他们的预期，但将基础货币翻番的政策有效地诱导了日元贬值。尽管黑田和日本央行执行委员会已经尽量与"只要货币供应量增加，物价就会上涨"的货币主义观点拉开了距离，但当时的一位日本央行高层曾表示，"我们欢迎任何能够提高通胀预期，促使日元贬值的措施"。

当时，还发生了一件有趣的小插曲。

日本央行的企划团队不仅运用了独家的宏观经济模型，还曾调查过通货再膨胀派提出的所有方案。据企划团队相关人士透露，在宽松主义者中，时任三菱UFJ摩根士丹利证券景气循环研究所所长的岛中雄二提出了最大胆的货币供应方案。根据岛中的计算，如果在两年内将基础货币增加到259万亿日元，日本的通胀率就可以达到2%。这一种计算方法被称为"麦卡勒姆规则"，是一种较为简单的计算方式。

第二章 安倍经济学之跨世纪的实验

日本央行的企划团队意识到：只要推出比岛中提议的规模更大的货币供应方案，日本的经济学家就不会再说日本央行的宽松力度不足。尽管日本央行执行委员会并不一定相信麦卡勒姆规则，但企划团队还是制定了QQE政策，即在两年内将基础货币增加至270万亿日元，这一政策的规模超过了岛中的提议。岛中后来也给QQE打了满分，对日本央行的评价也从批评到称赞，发生了180度大转弯。

趁着黑田的春风，获得所有通货再膨胀派经济学家的支持，并一举平息长期以来批评日本央行的声音，这一想法出自黑田召回的雨宫正佳。雨宫多年来负责操办日本央行的政策，为保护日本央行的声誉也付出了大量心血，是一位真正的谋士。

**令人存疑的两年达到2%**

当时，我作为《日本经济新闻》日本货币政策和金融业务的报道负责人，参加了黑田的新闻发布会，需要在会后总结黑田的发言。在发布会后，我希望重新了解量化与质化宽松政策的制定流程，因此拜访了一位日本央行的高层。

这位高层是设计量化与质化宽松政策的核心人物。令我惊讶的是，他与黑田不同，表现得略有一丝冷漠。他说："这是世界上前所未有的量化宽松政策。但是，如果这样强有力的宽松政策仍无法改变日本的现状，所有人就会明白日本央行一直以来的观点（量化宽松政策的力度不足并非日本经济停滞的原因）是正确的。"他说这话时，仿佛已经看透了一切。

2013年3月20日，黑田就任日本央行第31任行长，并在行内教育员工："我们一定能在两年内实现2%的通胀目标。首先，作为日本央行员工的你们必须坚信这一点。"然而，我所拜访的这位日本央行高层却对"通过大规模宽松政策就能够在两年内实现2%的通胀目标"表示怀疑。

自1998年日本陷入通货紧缩以来，日本央行已经实施了全方位的"非常规货币政策"。实际上，黑田引以为傲的量化与质化宽松政策，也只是扩大了白川方明所提出的全面宽松政策的规模。量化宽松政策已实施了近15年，然而日本的低通胀状况仍然未得到改善。参与过以往宽松政策制定的高层都心知肚明，仅靠货币政策是无法让日本经济升温的。

我在发布会后采访的日本央行高层告诉我："通胀率如果达到2%，那是日本央行的胜利。如果没有，那就证明迄今为止日本央行是正确的。无论如何，胜利都属于日本央行。"当时，我并不相信仅靠量化宽松政策就能重振日本经济，也许他看出了我的想法，所以也将自己内心所想透露给了我。

实际上，被誉为"黑田火箭筒"的大规模宽松政策也未能让日本在两年内达到 2% 的通胀目标，甚至苦苦挣扎了十年。十年后，所有人都清楚地认识到，仅凭货币宽松政策无法解决日本经济的问题。正如日本央行高层在 2013 年对我说的那样，市场已经不再责备日本央行宽松政策力度不足。然而，日本央行是否可以夸耀自己取得了"胜利"，这一点仍有待考量。

时任日本央行审议委员的野村综合研究所执行经济学家木内登英表示："我认为要在两年内实现 2% 的通胀率简直就是天方夜谭。"日本央行内部最专业的经济学家门间一夫（时任理事）和前田荣治（时任调查统计局局长）也都认为，"即使日本央行推出了大规模宽松政策，也很难在两年内达到 2% 的通胀率"。QQE 政策的启动促进了日元贬值和股价上涨。金融市场会随着投资者情绪的变化而大幅波动，然而，有实战经验的人都明白，实体经济并不会如此轻易地被摆弄。

如前文所述，在当时的日本央行内部，有两条 QQE 政策的传导路线：一条是黑田和岩田公开说明的传导路线，另一条是企划团队隐藏了"真实意图"的幕后传导路线。

请回顾岩田在2013年8月发布的QQE政策对经济的传导路线图（见图2-1）。图的起点是QQE政策的措施"2%的通胀目标承诺"和"增加基础货币"，之后是"预期通胀率上升"。根据日本央行的设想，接下来将出现预期实际利率下降、设备和住宅投资增加、菲利普斯曲线上移等一系列连锁反应，最终实现物价上涨。

这些专业名词可能有些晦涩难懂，让我来简单解释一下"预期实际利率下降"。现在日本的通胀率和利率都是0%。如果假设明年的通胀率将达到2%，那么即使利率为0%也会随着预期改变。实际利率水平将会降为-2%，也就是产生所谓的降息效应。一旦实际利率水平下降，人们就会贷款投资，从而产生岩田等人提出的"通胀预期上升"的效果。

然而，要提高物价预期，让每个人都相信明年的通胀率将达到2%，并不像岩田所想象的那么简单。伯南克、克鲁格曼等人认为，如果央行宣布"将不惜一切代价直至实现2%的通胀率"，那么参与经济活动的企业和个人就会相信今后物价将上涨。日本央行为了引导市场预期，不惜将增加基础货币作为鱼饵。

可是问题在于,并非每个日本人都对货币政策或物价走势感兴趣。根据调查,只有25%的日本人表示他们知道日本央行提出了2%的通胀目标。此外,基础货币的概念就更加难以理解了。在这种情况下,提高全国的通胀预期更是难上加难。主流宏观经济学中有一个简单模型被称为"代表性行为人模型",其理念是理性的人会预测未来经济的变化,并改变当前的经济行为。但这个模型又在多大程度上适用于实体经济呢?

这一理念倒是适用于金融市场。央行一旦宣布将采取股价对策,那么不管对策内容是什么,股价都会在对策实施前就开始上涨。这是由于当投资者预测股价会上涨时,他们就会在政策实施之前买入股票,股价也就随之上涨了。在价格完全决定投资行为的金融市场,这种自我实现的概率很高。宏观经济学尝试将这种逻辑套用在实体经济上,却遇到了瓶颈。

时任国际货币基金组织首席经济学家的著名经济学家奥利维尔·布兰查德明确指出了这一瓶颈:"日本央行大幅增加基础货币主要是为了给公众带来心理冲击。然而,最终的结果却与教科书中所描述的货币政策效果相距十万八千里。"

## 3. 触手可及的 2%

### 第二年便陷入绝境

2011年秋季，日元兑美元汇率曾升至1美元兑75日元，但随着安倍政府的上台以及黑田体制的成立，2013年5月，日元兑美元汇率又跌至1美元兑103日元。股市方面，2012年6月，日经平均指数曾跌破8500点，但2013年11月又回升至15 000点。雷曼危机和东日本大地震严重打击了日本经济，长期坚挺的日元和低迷的股价又加重了日本经济的负担。不过，日元贬值和股价回升逐渐让日本经济界看到了光明。

显然，光靠日本央行推出的QQE政策是不可能实现日元贬值和股价回升的。日元开始贬值的原因之一在于欧洲开始摆脱债务危机，全球经济状况逐渐得到改善。此外，灾后的贸易逆差也导致了投资者持续抛售日元。日本央行推出QQE政策正好赶上了日元贬值的好时机，公众也就自然认为是QQE政策扭转了投资者的情绪。

日元贬值也起到了抬高进口价格和提高通胀率的作用。截至目前，一切都在按照日本央行企划团队的计划在进行。

自2008年雷曼危机以来，日本的通胀率一直处于负值，直到2013年6月才回正值。2013年12月，日本通胀率上升至1.6%。2013财年，日本实际GDP同比增长2.7%，与约0%的经济潜在增长率相比有了显著提升。QQE政策实施的第一年，全球经济复苏和日元贬值为日本经济带来了新的活力，QQE政策给人们提交了满意的答卷。

2014年5月，我成为《日本经济新闻》编辑部主任，有幸采访了刚上任一年的黑田。

在对第一年的工作进行自我评价时，黑田冷静地表示："总体而言，货币政策取得了预期效果。我们在去年4月4日决定实施量化与质化宽松政策时，考虑了影响实体经济的三种策略。一是压低包括长期利率在内的收益率曲线；二是投资组合再平衡；三是改变市场和经济主体的通胀预期。每种策略都取得了一定成效。"

在谈到提高通胀率时，黑田自信满满地说道："通过大量购买国债，长期利率现已稳定在一个较低的水平。同时，通胀预期也正在上升。实际利率，即名义利率扣除通货膨胀补偿后的利率已显著下降，已转为负值。这对投资和消费都产生了积极影响。"

他进一步总结道："消费者物价指数的同比增长率也在

上升，在过去的四个月里，增长率一直保持在 1.3%。这是自 1993 年以来，除 1997 年提高消费税税率和 2008 年石油、食品等大宗商品价格全球性上涨之外，首次出现物价持续上涨的情况。"起初对 2% 的通胀目标半信半疑的日本央行企划团队也表示，"当前形势大好，我们可能真的能实现通胀目标"。

然而，第一年的良性循环却在第二年的春天被打破了。

首先是消费税上调导致日本国内经济增速放缓。2014 年 4 月，日本政府将消费税税率从 5% 上调至 8%。这导致了 2014 年第二季度日本经济的实际增长率降为 –7%（环比折合年率），7 月以后也未见复苏势头。曾任日本央行副行长的中曾宏在他的著作中写道："结果，我们还是低估了上调消费税对经济产生的影响。"除了消费税的上升，通胀率也刷新了 6 年来的新高，给家庭经济带来了双重打击。这是 QQE 政策意料之外的副作用。

企划团队的规划存在一些误判。日元贬值导致进口价格上涨，从而提高了日本国内通胀率，到这一步都符合日本央行的预期。然而，下一步提高工资的计划却迟迟未有进展。2014 年第二季度，日本的劳动者报酬（扣除通胀因素后的实际报酬）下降 1.7%，连续五个季度下滑。如果物价上涨而工资水平仍然停滞不前，反而会对国内需求产生负面影响。

QQE 政策遇到的另一个障碍是原油价格的下跌。中国和欧洲经济增速同步放缓，全球能源需求开始逐渐下降。造成这一局面的罪魁祸首就是美国页岩油的增产。从 2014 年夏季开始，原油价格从每桶 100 美元左右开始急剧下降，到 2014 年底已腰斩至每桶 50 美元左右。

日元贬值对物价的提振作用也在 QQE 政策实施一年后消失殆尽。2014 年夏季，通胀率降至 1%，市场预测增长率将进一步下降。当时参与 QQE 政策的一位日本央行高层表示："工资增长未达到预期水平，QQE 政策一拳打在了棉花上。从那时起，央行内部已经明白我们无法在两年内实现 2% 的通胀目标。"日本央行内部逐渐有人建议采取进一步的措施。

### 出人意料的第二轮宽松

2014 年 10 月 31 日，日本央行突然推出了第二轮 QQE 政策，黑田再一次让市场猝不及防。"为了尽早实现 2% 的通胀目标，我们决定扩大量化与质化宽松政策的规模。这样一来，我们就可以更好地应对通胀预期转变的迟缓。"

第二轮 QQE 政策的内容为：①将目前以每年 60 万亿～70 万亿日元规模增加基础货币扩大至约 80 万亿日元。②将长期国债的购买规模从每年 50 万亿日元左右增加至 80 万亿日元左右。③国债的平均持有期限最多可延长 3 年。④将交易所交易基金和房地产投资信托基金的购买量扩大 3 倍。黑田在介绍第一轮 QQE 政策时提到了很多数字 2，而这一次他把数字改成了 3。

原油价格暴跌阻碍了通胀率的增长，但市场并没有预料到日本央行会在这时推出进一步的宽松政策。10 月 28 日，黑田在决策会议召开前来到国会，一再强调："我们正在稳步实现 2% 的通胀目标。"黑田先让市场相信今后不会实施进一步的宽松政策，再利用这一点来"出其不意"。这也是黑田独特的政策风格。

日本央行内部也只有少数人知道第二轮 QQE 政策的存在。据当时企划团队的高层透露，"将长期国债购买量从每年 50 万亿日元增加到 80 万亿日元的决定，完全是由黑田和雨宫做出的"。在政策决定中拥有投票权的审议委员也是在 10 月 31 日的决策会议召开前几天才得知要实施第二轮 QQE 政策的消息及政策内容的。

时任副行长的中曾宏在其著作中回忆道："这是个艰难

的决定。"中曾宏理所应当地在决策会议上投了赞成票,但在投票之前他曾向企划局高层直接地询问道:"日本央行是否有能力每年购买80万亿日元的长期国债?"当天的决策会议一共持续了4个小时,最终第二轮QQE政策以5票赞成、4票反对的微弱优势通过。

在会议上投反对票的审议委员木内登英(现任野村综合研究所执行经济学家)回忆道:"我认为,只要日本央行表示决不放弃,就能够提高通胀预期的这个观点并不合理。"他还表示当时的黑田体制既急躁又自负。副行长岩田规久男也承受了巨大的外部压力,他曾在任职前接受国会质询时表示,如果日本央行无法在两年内实现2%的通胀率,将"承担责任,引咎辞职"。

**黑田支持消费税上调吗**

在启动第二轮QQE政策的新闻发布会上,一位记者提问道:"在当前消费税上调的经济环境下,日本是否还能够实现通胀目标?政府和日本央行是否需要采取进一步的宽松措施?"对此,黑田给出了回应:

"上调消费税是政府及国会做出的决定,我不予置评。"

当时,日本政府正计划在2015年秋季进一步上调消费税。然而，2014年春季的增税导致了经济增速放缓，而安倍政府也表示，先观察三季度的经济恢复情况，再决定是否进一步上调消费税。公众认为第二轮QQE政策是辅助政府增税的"火箭筒"。

黑田在财务省任职的36年中，曾在负责管理税制的主税局长期工作过。自担任日本央行行长以来，黑田也多次向安倍政府提及财政健全化的必要性。

2013年8月底，有关消费税上调的"集中讨论会议"在首相官邸举行。会上，黑田就推迟上调消费税的风险回答道："虽然风险发生的可能性很低，但一旦发生，我们将无力应对。"他还对政府的未偿债务发表了看法："我们不可能断言承担300%、500%甚至1000%的债务仍然能安然无恙。因为债务总有一天会崩溃，其结果是政府和日本央行都无法承担的。"黑田明确反对推迟上调消费税。虽然内阁府公布的会议纪要中删除了这一发言，但它很快便流传到了霞关之外。

当时日本央行企划团队的一位员工告诉我："我们完全没有支持上调消费税的想法。我不知道黑田行长心里是怎么想的，但他的目的绝对没有那么正当。"但安倍政府对此似乎持有不同看法。政府原定于2015年10月进一步上调消费税,但安倍经济学的管理者、时任内阁官房参事的本田悦朗对这一计划表示了强烈反对。在第二轮 QQE 政策从天而降时,他开始与黑田拉开距离,并表示:"到头来,黑田先生还是财务省的人。"

安倍首相观察到,2014 年第三季度,日本经济已连续两个季度出现负增长,最终决定推迟原定于 2015 年秋季实施的消费税上调计划。他还宣布将解散众议院来征求民意。自民党和公明党共赢得 320 多个议席,政坛从此出现了"安倍独大"的格局。然而,故事并未就此结束。黑田仍坚持要求政府进行财政重建。

2015 年 2 月 12 日,安倍首相在官邸四楼大会议室召开经济财政咨询会议。黑田在会议上为日本敲响了警钟:"我们必须认真地对待(在 2020 财年前实现基础财政收支⊖黑字化的目标)。形势正在变得越来越危险。"

"接下来的内容有些敏感,请不要记录到会议记录当中。"

---

⊖ 基础财政收支(primary balance,PB)指的是税收及非税收入与扣除国债费用(偿还国债本金与支付利息所需费用)的财政支出这些收支。这是可以反映某一个阶段的税收等收入在多大程度上覆盖了所需政策性经费的一个指标。20 世纪 90 年代初以来,日本的 PB 持续赤字,政府将 PB 黑字化定位为财政健全化的"里程碑"。——译者注

黑田要求道。推迟增税已导致日本国债的评级不断下调，黑田对此一直惴惴不安并强调道："欧洲的部分银行已决定永久减持日本国债。""国际银行在购买外国国债时是根据其信用评级来投入资金的。一旦信用评级下降，国际银行将选择放弃持有该国国债。目前欧洲已经有一些银行正在抛售日本国债。"黑田继续坦白道："我接下来要说的事情更加严重。事实上，德国、美国、英国一直主张银行应该投资本国国债，且态度十分强硬"。

根据现行银行规定，以本国货币购买的本国国债属于"无风险资产"。这也就意味着，无论银行持有多少本国国债，都不会被纳入风险资产，也无须增加自有资本来弥补损失。然而，由美国、欧洲、日本等国家和地区的金融当局组成的巴塞尔银行监管委员会（以下简称巴塞尔委员会）一直在讨论重新评定无风险资产的标准。

这样一来，持有大量国债的日本央行将不得不通过增加资产的方式来建立额外的自有资本。这是一项加强规定的措施，将直接导致银行盈利能力下降。黑田在咨询会议上提出："这个想法太离谱了。我认为各国意见很难达成一致，日本和意大利一定会反对，而德国和美国都有可能导入这类规定。（银行）担心被认为自有资本不足，可能会选择抛售国债。"

实际上，黑田在2017年召开的巴塞尔委员会会议上坚持将国债判定为无风险，并对着要求加强规定的德国呵斥道："只有你们认为国债有风险。"黑田作为国际主要货币的掌舵人之一，拥有强大的国际人脉，他在那一刻展现了自己的话语权。黑田保护日本财政的意愿十分强烈。

然而，正如黑田的担忧，日本的财政状况仍在持续恶化。由于央行购买了大量国债，日本不断膨胀的财政支出得到了有力支持，因此QQE政策的"财政融资"色彩愈加浓烈。截至2012年，日本政府的未偿债务占GDP的226%，日本是主要经济体中债务负担最重的国家。日本债务占GDP的比例不断上升，在2015年升至228%，又在2021年升至256%。加上新冠疫情给日本增加的负担，日本央行已经无法轻易取消超低利率政策，只能放任宽松政策肆意发酵。日本央行的国债持有量从2012年的100万亿日元激增至2022年的540万亿日元，占日本国债总额的比例也从11%上升至50%以上。

## 4. 崭露头角的负利率

### 无可购资产

2014年10月，第二轮QQE政策正式启动，当天日经平均指数上涨755点,创下了当年最大涨幅。然而,这一强劲走势并未持续太久。

日本经济已不再像过去一样,仅凭日元贬值就可以增加进口,提高增长率。在QQE政策生效后的一年半时间里,日本的出口量指数几乎持平,流向海外的制造商并没有轻易地回到日本。一位日本央行高层表示:"日本存在劳动力短缺的问题。虽然日元贬值了,但日本制造业的时代已经过去了。"

2014年4月,日本的消费者物价指数增长1.5%,但随后该指数增长持续放缓,到2014年12月消费者物价指数增长率已下降至0.5%,而2015年4月又进一步跌落至0%。黑田体制兑现当初承诺的"两年内实现2%的通胀目标"的希望彻底破灭。

尽管如此,当时的一位企划局高层表示,日本长期国债的购买"已经达到极限,无法进一步扩大"。如果日本央行每年增持80万亿日元的长期国债,总有一天市场上的国债会被日本央行买光。国际货币基金组织(IMF)在2015年夏季曾预计,日本央行的QQE政策将在2017~2018年达到极限。日本央行是首个启动量化宽松政策的主要央行,随着第二轮QQE政策的启动,日本央行又陷入"无资产可购"的异常境地。这也意味着日本央行无法维持当前的量化宽松政策。

"并非如此。我们还有其他的量化宽松政策。我们正在研究负利率政策。"2014年12月，日本央行企划团队的高层向我坦白道。

那天，我参加了一个政府智囊团举办的年终聚会，并在那里偶遇了这位日本央行高层。当时，原油价格的下跌给日本国内通胀率带来了下行压力。于是我就跟他开玩笑道："日本央行已经很难采取进一步的宽松政策了吧。日本央行是不是也应该购买一些原油。"他向我透露了实施负利率政策的计划。

当我询问实施负利率政策是否意味着政策目标将回归到利率上时，这位高层回答："没错。如果我们实施负利率，就能创造出无限的宽松空间。"虽然将利率降到 –5% 或 –10% 并不现实，但确实在名义上无限扩大了宽松空间。

负利率政策意味着什么？如果利率为正，民营银行将准备金存入日本央行后，日本央行需要向民营银行支付利息，但如果利率为负，那么民营银行反而需要向日本央行支付手续费。

注重量化的 QQE 政策规定，日本央行向存放准备金的民营银行支付 0.1% 的利息。日本央行向民营银行购买长期国债，民营银行则将出售国债获得的资金存入日本央行，并获得 0.1% 的利息。这一制度可以说是向在日本央行年存款达 2000 亿日元的银行变相地发放补贴。

如果实施负利率政策，那么就相当于对准备金处以罚款。这将导致日本央行难以积累活期存款，民营银行也难以向日本央行出售长期国债。负利率政策似乎与以长期国债为重心的 QQE 政策存在冲突。当我向那位高层提出负利率政策是否与量化宽松政策冲突的疑问时，他回答道："我们有的是办法让两个政策共存。"

2012 年 7 月，丹麦中央银行推出负利率政策，打响了负利率政策的第一枪。欧洲央行和瑞士央行也分别在 2014 年 6 月和 12 月导入负利率政策。瑞士决定实行负利率政策时，我刚好从日本央行高层那里听说了日本负利率政策的计划。日本央行实际上就是参照瑞士的做法来设计负利率政策的。

瑞士的负利率政策是对民营银行存放在中央银行的部分存款实施阶梯式负利率。若民营银行存款金额超过法定存款准备金的 20 倍，则收取 –0.75% 的利率。这在一定程度上考虑了银行利润的同时，又将利率控制在负值。

瑞士实施负利率政策的主要目的是通过将政策利率设为负值，来防止瑞士法郎升值。日本央行希望在维持银行收益的同时，扩大宽松空间。对日本央行来说，瑞士兼顾了防止货币升值的政策似乎是理想的。日本央行高层表示，将在2015年中完成日本央行的负利率政策框架。

然而，日本央行并没有立即推出负利率政策。岩田规久男副行长等通货再膨胀派为安倍经济学制定了理论根据，并将"增加基础货币（货币供应量）＝量化宽松"定位为安倍经济学的核心。重启利率政策有可能被视为安倍经济学的失败。

2015年秋季，全球经济增速开始放缓。然而，企划团队顾虑岩田等人的想法，还是暂时搁置了负利率政策，并于12月公布了量化宽松政策的补充措施。

这是一招苦肉计。虽然该措施不改变长期国债的加购量，但延长了国债的"平均持有期限"。同时，该措施规定每年投入3000亿日元用于购买交易所交易基金（ETF）。这虽然算不上是进一步的宽松政策，但黑田的政策立场似乎有所转变，毕竟他曾扬言"不采取陆续投入的战术"。市场备感失望，当天股市下跌了367点。黑田"火箭筒"首次以坠落告终。

不幸的是，全球经济形势也开始逆转。2016年1月，全球股价暴跌。日元汇率也在半年内从1美元兑120日元的低位飙升至 1 美元兑 100 日元。

2% 通胀率的实现过程中最关键一环的就是 2016 年"春斗"㊀后的涨薪。日本央行担心，日元在这一关键阶段升值会导致企业情绪恶化，阻碍涨薪进展。如果只有物价上涨而工资仍停滞不前的话，消费者也会对日本央行逐渐失去信赖。

黑田行长计划出席 2016 年 1 月 22 日至 24 日举办的达沃斯论坛。在出发前，他下达了准备进一步宽松的指示。企划团队早已按捺不住，开始正式考虑一直压在箱底的负利率政策。然而，1 月 21 日当参议院决算委员会询问黑田是否将实施进一步宽松政策时，他却回答道："目前，我们还没有具体考虑采取负利率政策。"

当时，日本货币政策的发展方向仍然是个未知数。即使在国会上，黑田也无法回应有关未来货币政策的问题。负利率政策也会像之前的政策一样，以"出其不意"的方式公布。

### 从超宽松到三维度宽松

"在今天的决策会议上，我们决定引入'含负利率的量

---

㊀ 每年春季在日本举行的全国性劳资谈判，主要工会组织与企业进行协商，在企业新财年（日本的财年通常在每年的 4 月 1 日开始，次年的 3 月 31 日结束）开启前为劳动者争取涨薪和其他福利条件。——译者注

化与质化宽松政策'，以尽快实现2%的通胀目标。"该政策在现有的量化与质化的基础上，增加了负利率政策。自此，日本央行开始了三个维度（基础货币、长期国债、利率）的宽松政策。

2016年1月29日，黑田行长宣布引入负利率政策。黑田在介绍该政策的具体内容时说道："我们将对存入日本银行的存款征收0.1%的利息，今后还有可能进一步下调。我们希望通过实施负利率政策来降低收益率曲线的起点，使负利率广泛渗透到短期货币市场。在量化层面，我们仍将继续大规模购买长期国债，并对整体利率施加更强的下调压力。"

实际利率是名义利率扣除通胀率后的结果。日本已经长期保持0%的通胀率，因此，零利率政策已无法发挥作用。只有像美国一样拥有2%的通胀率，零利率政策才会使实际利率降为−2%。对于日本来说，要将实际利率降到零以下是极为困难的。

第一轮QQE政策让企业和家庭相信今后将进入通胀时代，从而提高了市场的通胀预期，引导实际利率降至负值。相反，负利率政策则是一种强行降低名义利率的做法。日本央行的政策手段开始由将实际利率降为负值的QQE政策转为直接将名义利率降为负值的政策。

正如日本央行的预期,金融市场对新政策备感意外。新政策的推出也再次加速了日元的贬值和美元的升值。政策启动当日,日元就从1美元兑119日元一路贬值至1美元兑121日元。日经平均指数也比前一天高出477点。2015年12月,"黑田火箭筒"坠落,而这一次的负利率政策则是"黑田火箭筒"的华丽回归。

然而,这样的趋势并没有持续多久。很快日元就重回强势,银行股下跌明显。负利率政策不过只是一项向民营银行收取手续费的政策。然而,各大银行都宣布下调存款利率,日本民众的生活逐渐覆上阴影。

什么是负利率政策呢?日本的负利率政策将活期存款分为三个等级。第一级为基本存款,属于这一等级的存款仍然能够获得0.1%的利息。第二级为宏观附加存款,这部分的存款适用零利率。第三级为政策利率存款,日本央行将对这一部分的存款收取0.1%的利息。尽管民营银行仍能得到有效补贴,但如果在日本央行存放过多资金,则需要支付罚金。日本央行内部称赞负利率政策是一项"经过了深思熟虑的政策",但日本央行以外的人却无法正确理解,尤其是需要支付罚金的民营银行更是对此深表反感。

还有一件出乎日本央行意料的事。2016年2月9日，在新政策启动后的第十天，长期利率史上第一次跌入负值。投资者为了获得收益，都将投资资金转向超长期国债。最终，短期利率和超长期利率几乎一致，呈现出极度平坦化的收益率曲线。

如此一来，需要利息收入的生命保险公司将难以继续投资国债，也无法保障用于支付保险赔款的本金。负利率政策不仅对银行，对所有金融机构都产生了负面影响。对于贷款需求少的地区金融机构来说，更是生死攸关。因此，金融界才会对日本央行怨声载道。

对日本央行来说，负利率政策还凸显出了调整不足的问题。例如，有一种主要用于结算一般证券账户的金融产品，被称为货币储备基金（MRF），当对管理基金的信托银行实施负利率时，货币储备基金的价格可能跌破成本，从而导致结算系统失灵。虽然日本央行在2016年3月立即采取了针对MRF的特殊对策，但负利率政策还是出现了副作用。

黑田对货币政策有着异于常人的想法，当时的金融机构高层曾评价，黑田对管理银行系统的审慎政策完全不感兴趣。黑田曾在一位高层说明影子银行（银行以外的金融机构）给金融体系带来的风险时打断他的发言，并表示没有人能管理影子银行，因此日本央行没有必要插手。

黑田在回应金融机构对负利率的批评时曾表示，"货币政策不是为了金融机构的利益"。但是，一旦金融体系衰弱，日本央行就无法通过放贷来有效地量化宽松。货币政策有两个传导渠道：利率渠道和信贷渠道，前者通过降息来影响实体经济，后者则通过流通低息货币来影响实体经济。银行系统的衰弱将有可能削弱信贷渠道的传导效应，从而导致市场缺少流通性。

一位企划局高层曾一脸疲惫地告诉我："我没有想到负利率政策会如此难以得到理解。公众对日本央行的过度批评让我们备感不安。"日本国会上也出现了一系列谴责黑田及日本央行的声音。无论是经济界还是政治界，都不看好负利率政策。负利率政策虽然再次为量化宽松创造了空间，但很快就难以继续深入。日本央行遭遇了重大挫折。

### 为何负利率政策未见成效

政策利率一旦降至0%以下，将受"零利率下限"约束而难以推进进一步的宽松。日本央行自1999年开始实施零利率政策后，由于宽松空间的不足，陷入了长达20年的苦恼之中。2016年启动的负利率政策将政策利率降至0%以下，这本应是一个跨时代的政策。黑田一直反复强调道："只要经济出现下滑趋势，我们将毫不犹豫地进一步宽松。"但最终负利率政策也并未得到进一步深入。

为何负利率政策未见成效？原因有三。

第一个原因在于利率的限制。日本央行可以将政策利率降为负值，但大部分的市场利率都无法降为负值。

例如，日本央行不能轻易地将贷款利率降为负值。欧洲曾将房贷利率定为负值，但日本还未走到那一步。日本的巨型银行在全国各地都有分行，运营成本相当高，而且还必须支付一定的存款利息，因此，民营银行需要赚取一定的利息。日本央行导入负利率政策时，企业和个人贷款利率（平均合同贷款利率）为0.8%。到了2023年初时，贷款利率仅降低了0.1%，为0.7%。负利率政策对市场利率的下调效果极为有限，并没有起到刺激经济的作用。

第二个原因在于负利率政策的副作用。如果日本央行对民营银行实施负利率，却不下调贷款利率的话，就会导致银行的利润受损。根据日本金融厅的计算，负利率政策将导致日本三大巨型银行在2017年3月的决算中至少损失3000亿日元的利润。如果银行的利润减少，银行则很难向企业和个人提供贷款。这意味着量化宽松政策不仅无法刺激经济，反而还有紧缩银根的副作用。金融厅直接向日本央行表示了担忧，称负利率政策所产生的副作用太大。

第三个原因在于舆论。日本虽然没有出现银行将存款利率下调至负值的情况，但欧洲央行推出负利率政策时，曾导致300家银行在2021年将存款利率下调至负值。负利率代表着存款不断流失，从字面上看就让人感觉不妙。日本央行的一位高层至今仍说："如果我们能用别的名字来代替'负利率'就好了。"

2016年4月14日，负利率政策刚刚实施两个多月，日本最大的银行集团三菱日联金融集团（以下简称三菱日联）社长平野信行在东京发表演讲，公开批评日本央行，称负利率政策将在短期内对银行业产生负面影响。

当时，黑田在哥伦比亚大学解释道："虽然金融市场出现了消极反应，但这是由于国际金融市场的混乱，而不是负利率。"他还指出，"如果没有导入负利率政策，市场将会更加混乱"。同时，他还谈及了进一步宽松的可能性，表示"如有必要，我们将毫不犹豫地从量化、质化和负利率三个维度展开宽松政策。欧洲央行将负利率降至 –0.4%，这说明了日本 –0.1% 的利率仍然有下降的空间"。

然而，三菱日联的平野却在同一时间对负利率政策发表了评论："我对负利率政策的风险感到困惑。这将是一场考验耐力的持久战。负利率很难转嫁到个人和企业上，企业和个人都对负利率政策的效果表示怀疑。"银行界不断向黑田抛来质疑的眼光，黑田也逐渐难掩自己的不满。2016 年 5 月，他开始主张"货币政策不是为了金融机构的利益"。金融界与日本央行本应是一体的，但两者之间的隔阂却越来越深。

"我们申请归还一级交易商的资格。"在平野为日本央行献上忠告的两个月后，三菱日联高层于 2016 年 6 月 3 日向财务省提出了申请。两天前，首相安倍晋三刚刚宣布推迟消费税的上调计划，日本国债市场对财政恶化的担忧日益加剧，三菱日联提出申请的时机非常微妙。

一级交易商是日本国债市场的特殊交易商，有资格在特殊条件下参与日本财务省举行的国债招标。当时，一级交易商共包括三大巨型银行和 22 家大型证券公司。虽然一级交易商有机会与财务省就国债市场的发行条件等内容交换意见，但它们必须至少投标计划发行金额的 4%。受负利率政策影响，在 6 月初的 10 年期日本国债招标中，最高中标收益率为 –0.092%，创历史新低。从银行业务的角度看，一级交易商的资格已经不再有利。日本金融机构申请归还一级交易商资格，也是金融机构第一次用实际行动来强烈抵制负利率政策。

这并不是感情用事，而是由于负利率导致银行不能再轻易持有长期国债。

根据《日本经济新闻》的报道，2016 年春季，三菱日联的一位注册会计师曾提出"以往的会计处理方式是否仍然适用"的疑问。银行在资产负债表中记录国债持有量的方式有两种。一种是记为短期证券，另一种是记为持有至到期证券。一般银行都会将大部分的国债记为持有至到期证券。

大型民营银行会将投标所得国债出售给日本央行，并以此来获利。这种交易在市场上被称为"日银交易"。三菱日联也希望在履行一级交易商的中标义务的同时，从日银交易中获利。如果日本央行愿意出高价购买国债，即使利率为负，民营银行也能从中获利。

然而，如果利率为负，则很难在会计上将国债归类为持有至到期证券。如果继续以负收益率持有国债直至到期，银行就会亏损。虽然银行可以将国债归为短期证券，但这样一来，银行就必须在账目中记录未实现盈亏。一旦国债的利率上升（债券价格将下降），就需要将持有国债的未实现损失计入最终盈亏中。这将导致银行的资本充足率下降，从而产生经营困难的风险。

在与会计师沟通后，三菱日联向财务省理财局提出了请求，希望将一级交易商的中标义务的适用对象规定为收益率为正的债券。然而，结果并不理想。一位参与谈判的消息人士透露："财务省告诉我们，如果不履行中标义务将受到行政处罚，三菱日联认为很难继续维持一级交易商的资格。"

6月10日，三菱日联行长小山田隆在新闻发布会上表示："面对负利率国债，我们很难履行一级交易商的所有义务。"7月12日，三菱日联正式宣布归还一级交易商资格。

不过，三菱日联当时的领导曾回忆道："那是我们从商业角度做出的决定。我们无意挑衅日本央行或财务省，也没想到会引起如此大的风波。现在看来，我们当时应该选一个合适的时机。"三菱日联的领导后来也曾拜访财务省官员，并向他们表达了歉意。

## 5. "直升机本"

"货币政策应与财政政策齐头并进。我们还有很多手段可以实施。"2016年7月12日，美联储前主席本·伯南克在访问首相官邸时向日本首相安倍晋三提出了建议。

伯南克是通货再膨胀派的理论支柱，他向日本央行提出了设定通胀目标和购买长期国债的建议。在这个关头，伯南克与安倍会面，也是出于内阁官房参事本田悦朗等通货再膨胀派的安排。

安倍官邸再次延迟了上调消费税的时间，并以此为论点在7月10日的参议院选举中获胜。通货再膨胀派主张大胆的量化宽松政策，并希望将政策中心从货币政策转向财政政策。在日本央行内部，副行长岩田规久男认为，消费税上调导致了日本迟迟未能实现2%的通胀目标，他与黑田行长之间的裂痕也越来越大。

货币政策应与财政政策齐头并进是什么意思呢？2016年4月，本田与伯南克会面，邀请他尽快访日。据透露，伯南克提出了一项发行永久无息国债的计划，让日本央行全部兜底，并利用这笔资金为日本经济注入大量资金。也就是说，由日本政府发行无须偿还的国债，由日本央行为日本政府提供财政融资。有一部分人认为，这一计划并非伯南克直接提出的，而是本田在与伯南克会面后提出的个人想法。

伯南克的绰号是"直升机本"。伯南克提出了一项特殊的财政政策——"直升机撒钱"，因此而得名。

直升机撒钱来自米尔顿·弗里德曼的著作，指的是政府让中央银行购买国债，并以这笔资金进行财政刺激的行为。

"假设某一天，直升机飞过上空，撒下了与市场上流通货币同等数量的现金。"

弗里德曼用比喻的手法说明了当货币量突然增加一倍时，通货膨胀会很快随之而来，也就意味着摆脱通货紧缩。师从弗里德曼的伯南克曾表示直升机撒钱是解决通货紧缩的方法之一。于是，"直升机撒钱"也就渐渐成了伯南克的代名词。

安倍首相、通货再膨胀派和伯南克之间形成了稳定的三角关系，这使财务省和日本央行不由得心生恐惧。如果日本政府发行大量无须偿还的国债，并要求日本央行全部兜底，那么财政刺激和量化宽松将有可能变成一个无底洞。因此，必须制止直升机撒钱的行为。如果日本央行无法停止购买永久无息国债，之后的某一时点通胀率上升的话，中央银行就必须缩减量化宽松政策的规模。这样一来，利率就会上升，日本央行支付现有国债利息的负担也会随之加重。这也将导致实施进一步财政刺激的难度提高。届时，财政扩张将停止，日本经济将被迫陷入货币和财政双重紧缩的局面。日本央行认为"直升机撒钱"将导致经济出现剧烈波动，因此不具备可持续性。当时的日本央行高层表示，对于需要实施直升机撒钱的财务省和日本央行来说，直升机撒钱就是一条"通往死亡的道路"。

内阁官房长官菅义伟表示"安倍政府从未考虑过'直升机撒钱'"，平息了紧张的局势。这是因为市场上出现了长期利率上升等不稳定的迹象。尽管如此，安倍内阁还是在参议院选举后的8月2日决定推出"投资于未来的经济对策"，新对策的资金总额高达28.1万亿日元，是经济对策历史上第三大规模，也是安倍政府规模最大的一个政策。安倍表示，新对策旨在为对未来的投资开一个好头。安倍经济学的第二阶段逐渐从量化宽松向宽松财政转移。

当日傍晚，财务大臣麻生太郎和日本央行行长黑田东彦出现在东京内幸町的帝国酒店。为了对外宣传此次财务大臣与日本央行行长的会谈，双方已事先通知各大媒体，并在会谈开始前预留出了拍照的时间。

会谈结束后，麻生向记者宣布将增发40年期的超长期国债。麻生表示，双方在会谈上"再次确认了2013年1月发布的政府与日本央行联合声明中强调的紧密合作关系，将通过货币政策、财政政策、结构性改革，加速推进安倍经济学的应用"。政府与日本央行合作关系的再次确认以及增发40年期国债的决定，让日本央行最终接受了安倍政府提出的"直升机撒钱"。从这时起，日本央行体制内明确分为了两派，一派为亲近安倍政府的通货再膨胀派，另一派为重视与财务省合作的主流派。黑田正好处于中立状态。

# 第三章

## 最长任期行长
## 黑田的懊悔

(2018～2023年)

## 1. 骇人听闻的资本外逃

### 日元汇率创 32 年新低

"黑田先生要固执己见到什么时候?"

2022 年 11 月的一个晚上,日本财务省的一位高官在金融界会议上向日本央行高层提出疑问。

黑田行长曾有三年半的财务官任职经历,负责过货币政策的管理工作,是一位极具影响力的财务省元老。对于同样出身于财务省的后辈来说,公开批评前辈的行为本应是禁忌,但当时财务省也是被逼到了绝境,所以才会发出如此哀怨之声。

2022 年 10 月 21 日,日元汇率创下 32 年新低,达到 1 美元兑 151.90 日元。日元贬值本应起到促进出口、推动日本经济发展的作用,然而,日元贬值却导致了原油进口价格上升,"良性贬值"最终变成了"恶性贬值"。

俄乌冲突已经导致能源价格飙升,而日元贬值又进一步推高能源价格,日本陷入了恶性循环。2022 年春季,普通汽油价格上升至每升 174 日元。日常生活离不开汽车的日本居民一肚子的苦水。岸田文雄政府的支持率也因统一教会问题而下滑，日本必须抓紧时间解决导致国民缺乏经济安全感的"恶性贬值"问题。财务省一手扛下了来自市场和首相官邸的压力。

9月22日，财务官神田真人通过买入日元和卖出美元的方式时隔24年首次干预了外汇市场。神田从办公室出来后对媒体说道："我们采取了果断的措施。"神田打出了干预外汇的好牌，情绪十分高涨，但仍然能从他的脸上看出对未来走势的不确定。当天，买入日元的干预金额达到创纪录的2.8万亿日元。日元汇率从当天的最低点（1美元兑145.90日元）上涨了约5日元。

然而，干预的效果并不持久，三周后日元又跌回到了干预前的水平。

10月21日，日本政府实施了非公开的"秘密干预"，这一举措的目的是通过迷惑市场，用较少的资金提升干预的效果。此次秘密干预后的10分钟内，市场上就有大量交易成交，10月22日凌晨0时15分，日元汇率升至1美元兑148日元。凌晨1点以后，日元汇率达到1美元兑144日元，比21日晚上9点的1美元兑151日元还高出7日元。货币当局不惜一切代价也要避免日元汇率停留在1美元兑150日元的水平。此次的干预规模达到了史无前例的 5.6 万亿日元。

然而，大多数人认为这种强制干预只是在拖延时间。一位财务省高官曾表示"日元贬值的根源在于日美利差这一结构性因素"。这意味着什么呢？

决定日元和美元之间的汇率水平的因素有很多，其中之一就是利差。如果美元的利率高而日元的利率低，投资者就会选择投资美元，以获得更高的收益率。这就导致投资者借入低息日元来投资高息美元，这一操作被称为"抛日买美"。

黑田推出的超宽松政策导致了日美利差。日本将政策利率维持在 –0.1% 的超低水平。与此同时，美联储迎来了 40 年来的首次通货膨胀，并在半年内将政策利率从 0% 大幅提升至 3%。市场投资高息美元的趋势逐渐加强，拥有大量日元存款的日本家庭也开始积极抛售日元，买入美元。

外汇交易是一种个人通过预测汇率波动来投资外币的交易方式。2022 年 9 月，日元和美元的外汇交易额首次突破 1000 万亿日元，其中交易的主要内容就是抛售日元和买入美元，即用低息日元投资高息美元，平均日交易量达到 60 万亿日元左右，超过了银行间交易量（约 55 万亿日元）。可想而知，几万亿日元的外汇干预根本不足以扭转局面。

黑田的言论进一步加速了投资者抛售日元的趋势。

9月22日，日本央行召开货币政策决策会议。黑田在会后的新闻发布会上斩钉截铁地说道："我们暂时不会加息。如有必要，我们将毫不犹豫地采取进一步的宽松措施。"美国和欧洲都在加快加息的脚步，而投资者认为只有日本央行坚定不移地维持量化宽松政策。当天晚上，日元汇率大幅下跌。这也导致了财务省24年来首次通过买入日元来干预外汇市场。

当时一位财务省高层感受到了危机感，并告诉我："如果日元继续以这种速度贬值，日本可能面临资本外逃。"资本外逃是指在日元不断贬值的情况下，投资者将日元兑换成外币，并将资金转移到海外来保护自己的资产的行为。财务省一直在私下研究其他亚洲国家资本外逃的案例。

日本家庭大概拥有2000万亿日元的资产，而其中的1000万亿日元都存放在银行中。如果将这些银行存款的一部分兑换成美元，会发生什么呢？仅动用10%的银行存款都意味着将有100万亿的日元被抛售。如果换算成日本的经常项目盈余，这一数字就相当于日本近五年平均盈余（2017～2021年日本的平均盈余约为18万亿日元）的5～6倍。

不仅如此，如果银行的日元存款减少，那么银行用于管理日本国债的资金也会相应减少。这对于管理日本国债的财务省当局来说是生死攸关的大事。即使允许日本央行启动超低利率政策，也绝不能让资本外逃发生。财务省当局最大的使命就是防止日元过度贬值，因此才会对黑田如此恼火。

**最后的机会？**

不过，对黑田来说，日元贬值也是他实现2%的通胀目标的最后机会。

黑田就任日本央行行长时扬言"我们可以在两年内实现2%的通胀目标"，并启动了提供大规模资金的QQE政策。他的勇气来自"罗斯福般的决心"。他相信，只要他向社会表现出将采取一切可能的措施来实现2%的通胀目标，即使目标无法实现也会进一步采取新措施的态度，企业和家庭就会相信未来日本将迎来通货膨胀。这一想法遵循了主流宏观经济学中的"理性预期理论"：只要每个人都相信通货膨胀即将到来，总有一天利率会上升。根据黑田的构想，公众产生通胀预期后，会趁着利率较低时贷款进行投资，进而刺激日本经济。

然而，日本已经长年处于低通胀状态，因此习惯了低通胀环境的日本企业和家庭并不会如此轻易地改变自己的预期。

在1998年到2012年的近15年里,日本经济一直处于物价缓慢下跌的通货紧缩状态。日本央行仅凭自己的"决心"是很难改变这种状况的。更何况,调查显示,只有25%的日本居民知道日本央行提出了2%的通胀目标。尽管经济学家可能不认同,但将"理性预期理论"的宏观经济理论应用在实体经济上本身就存在漏洞。日本央行将已经根植于日本人心中的"物价不会上涨"的观念称为"零通胀"的传统观念。

2022年,改变这一传统观念的机会突然降临。在此之前,日本央行的大规模宽松政策几乎没有改变日本的实际通胀率,但能源价格上涨和日元贬值却打破了这一局面。俄乌冲突导致了原油供应量不稳定,2022年6月,原油价格升至每桶114美元,在一年的时间里上涨至1.6倍。能源价格上涨导致了日本物价的全方位上涨。受此影响,日本企业和家庭的通胀预期也有所提高。

2022年4月,日本的消费者物价指数同比增长2.1%。黑田就任行长9年来,消费者物价指数增长率首次超过2%。2022年3月,消费者物价指数增长率仅为0.8%,但随着原油价格的上涨,增长率暴涨至2%左右。虽然日本央行曾在

2022年1月就预测过日本2022财年的通胀率将达到1.1%，但显然物价上涨趋势比预期来得更加强劲。

日本的整体物价上涨的另一个原因在于日元贬值导致了进口价格的上涨。2013年黑田推出QQE政策时出现的日元贬值再次卷土重来。对于日本央行来说，这是量化宽松政策提振物价的好机会。黑田不断强调，日元贬值有利于日本经济。虽然能源价格的上涨并不是黑田宽松政策的直接成果，但也是将企业和家庭长期以来的通缩预期转变为通胀预期的好机会。日本央行的一位高层表示："黑田先生很清楚，现在缩减量化宽松政策规模就无异于将通胀预期扼杀在摇篮之中。"

**修正宽松政策**

然而，不同于黑田的考虑，日本央行内部出现了修正超宽松政策的动静。据相关人士透露："早在2022年春，时任副行长的雨宫正佳和时任理事的内田真一（现任日本央行副行长）就开始讨论修正宽松政策了。"雨宫等人出于以下两点考虑。一方面，如果通胀率能够稳定在2%以上，那么总有一天日本央行需要缩减当前的量化宽松政策规模。另一方面，即使无法实现2%的通胀目标，长达10年的宽松政策也产生了许多副作用，最终都需要修正。

雨宫和内田都是黑田宽松政策的设计者。两个人的配合天衣无缝，共同完成了修正案的早期构思。日本央行的一位高层评价道："在设计货币政策方面，内田比雨宫更胜一筹。雨宫负责确定政策的总体方向，而内田则主要负责制度设计。"

通胀率的上升以及全球利率上升压力的增大，导致了日本央行的关键人物开始倾向于修正宽松政策。

美联储于 2022 年 3 月取消了零利率政策，并恢复了加息。美国的长期利率也从 3 月份的 1% 上升到同年 10 月份的 4%。欧洲中央银行也在 2022 年 7 月恢复加息。随着全球利率的上升，日本债券市场也同样面临着利率上升的压力。

2016 年，日本央行实施了收益率曲线控制（YCC）政策，将长期利率（10 年期国债收益率）控制在 0% 左右。为了保持较低的长期利率，日本央行需要大规模购买日本国债。如果利率上升的趋势蔓延到日本，日本央行有可能进一步扩大国债的购买规模以抑制利率的上升。日本央行高层称，这将增加日本央行的政策管理成本，导致 YCC 政策崩溃。

此外，雨宫的另一个考虑在于，希望自己在卸任之前能在一定程度上帮助货币政策走上正轨。雨宫曾被认为是最有可能成为下一任行长的候选人，但他坚决拒绝了这一职位。

YCC 政策通过精确定位来强行压低长期利率。在 YCC 政策的控制下，日本的利率曲线逐渐开始扭曲。例如，日本央行只降低了当时上限目标为 0.25% 的 10 年期国债利率。这导致本应低于 10 年期利率的 8 年期和 9 年期利率均高于 0.25%。YCC 政策对债券市场产生的副作用凸显，雨宫希望在任期内对该政策予以修正。

雨宫等人经常与财务省沟通意见。因此，财务省也在 2022 年开始着手修正日本央行的宽松政策。

雨宫等人修正宽松政策的其中一环就是取消用于压低长期利率的 YCC 政策。一旦取消 YCC 政策，日本的长期利率也会随之上升，从而加重政府债务的利息负担。财务省能否减缓利率的上升，成败在此一举。

为了做好修正宽松政策的准备工作，2022 年 6 月，财务省决定任命斋藤通雄为理财局局长，负责国债管理政策。斋藤在理财局工作多年，经验丰富，曾在 1998～1999 年利率暴涨时期负责国债管理政策，是日本国债管理政策第一人。金融市场称他为"JGB（日本国债）先生"。

大约在这个时候，斋藤接受了我的采访并坦率地告诉我:"我们需要思考日本央行的 YCC 政策及其对国债管理政策的影响。一旦 YCC 政策完成了它的任务,我们将回到由市场决定长期利率的时代。换句话说就是,我们将回到长期利率随时波动的时代。目前,发行机构和市场参与者都习惯了稳定的国债市场。市场波动时代即将到来,国债发行机构需要再次确认和梳理一下应该准备哪些工具。"

在此简单为大家说明一下 YCC 政策的操作方式。收益率曲线控制(YCC)政策是一种货币政策工具,在日本,其操作方式是将短期利率和长期利率分别控制在 –0.1% 和 0.5% 以下(截至 2023 年春季)。日本央行要想控制长期利率,就需要大量购买长期国债,风险极高。因此,原本中央银行能够控制的只有银行间市场的短期利率。此外,由于控制长期利率会导致财政纪律松散,一直以来市场几乎禁止实施这类措施。

2016 年 9 月,日本央行启动了 YCC 政策。2013 年 4 月开始实施的量化与质化宽松政策的政策目标是每年增持 50 万亿日元的日本国债。2014 年,日本央行将这一目标大幅提高至每年增持 80 万亿日元。日本央行迟早都要迎来大规模购买国债的极限,这一事实已昭然若揭。

因此,日本央行实施了 YCC 政策,将政策目标从日本国债持有量转向了长期利率。当长期利率过高时，日本央行就会购买国债来压低利率。相反，如果长期利率没有上涨，日本央行就无须购买日本国债。如此一来，日本央行即使继续实施量化宽松政策，也可以不必担心日本国债购买量的限制。

这一想法的提出者仍然是时任副行长的雨宫正佳。2016年，雨宫深入研究了战后美国和英国的国债管理政策。美联储在1942年到1957年期间实施了YCC政策，将长期利率目标设为2.5%并购买国债。

历史上存在中央银行控制长期利率的先例。1933年，经济学家约翰·梅纳德·凯恩斯就曾写信给美国总统富兰克林·罗斯福，并建议道："只要美联储购买长期债券并抛售短期债券，长期国债的利率就会下降到2.5%或更低，这将对债券市场产生积极影响。我不明白您为何不采取这样的政策。"凯恩斯的建议就是通过积极购买长期国债来压低长期利率。

雨宫在设计YCC政策时就是参考了战后美国的国债管理政策。日本央行在维持低利率政策的同时，结束了从2013年开始的大规模购买国债的做法。YCC政策使超宽松政策从"火箭筒"演变成了持久战。

**取消 YCC 政策的要点在于出其不意**

尽管如此，YCC 政策还是没能坚持多久。2022 年，全球利率上升，日本国债市场面临利率上升压力，日本央行不得不再次大规模购买国债，YCC 政策陷入两难。2022 年，日本央行将国债购买量增至 2021 年的 1.5 倍（达 111 万亿日元）。然而，由于国债的数量有限，日本央行无法一直大规模购买国债，黑田的宽松政策再次进入调整阶段。

财务省的一位高层称："我们正在与日本央行交换意见，共同探讨 YCC 政策的取消策略。日本央行也在寻求避免引起利率飙升等市场动荡的方法。"当我问及具体方法时，他回答道："那就是一次性取消 YCC 政策。如果我们分阶段地提高利率上限，投机者就会不断伺机而动。我们要'出其不意'。同时，必须在一定程度上维持对国债的购买。这两点是缺一不可的。"

何为"出其不意"？那就是在市场事先不知情的情况下，猝不及防地宣布取消 YCC 政策。

取消 YCC 政策的最大障碍就是想要通过做空国债来获利的投机者。一旦日本央行取消 YCC 政策，长期利率就一定会上涨。利率上涨就相当于债券价格下跌。因此，投机者就可以提前押注利率上涨，做空国债。

做空国债是一种交易策略，指的是借入国债后立即卖出，等到利率上涨（债券价格下跌）后再买回并返还给所有者。由于利率上涨后国债的价格低于借入时的价格，投机者便可从价格差中获利。只要利率上涨，投机者的收益就会增加。

投机者主要来自欧美等海外地区。如果日本央行表达出将在不久后取消 YCC 政策的意向，那就相当于让外国投机者有了可乘之机。此外，国债利率也会在 YCC 政策取消之前大幅上涨，从而引发市场动荡。防止这种情况出现的唯一办法就是日本央行表明不会取消 YCC 政策的态度。因此，如果日本央行突然宣布取消 YCC 政策就相当于"出其不意"。

"如果不坚持实施量化宽松政策，日本经济将陷入衰退。不能因为日元正在贬值就开始修正货币政策。"

然而，有人迅速制止了日本央行和财务省内部关于缩减量化宽松政策规模的讨论，此人就是日本前首相安倍晋三。2022 年 4 月 28 日，日本央行决定维持大规模宽松政策，安倍晋三在安倍派的一次会议上强烈抨击了缩减宽松政策规模的想法。2022 年夏季，日本即将举行众议院选举。2021 年 10 月上台的岸田政府并不重视安倍经济学。政坛的权力天平已经出现了微妙的变化。

黑田也在4月28日的新闻发布会上做出回应，强调道："我们将消除（公众对缩减量化宽松政策规模）猜测，减少市场的不稳定性。同时，我们将坚持不懈地继续实施量化宽松政策。"在前文中我们提到，黑田认为当前的高物价是改变深入人心的通缩预期的最后机会。据透露，在日本央行内部，对于过早缩减宽松政策规模持最为坚决的反对态度的，便是黑田。

日本央行认为按照当前的发展情况，通胀率将无法稳定在2%的水平。此外，一旦能源价格下跌，通胀率从2023年起将跌落至1%左右。如果盲目过早地缩减宽松政策规模，公众可能会认为是货币政策的改变才导致了通胀放缓。

实际上，日本央行曾遭受过一次重大创伤。2000年，日本央行取消了零利率政策，但后来由于美国互联网泡沫破裂，导致日本通胀率也跌入负值。虽然日本物价停滞不前的原因并不是日本央行的货币政策，但当时日本央行草率的加息还是引起了公众对日本央行的批评。2006年，日本取消了量化宽松政策，并引入了新的消费者物价指数计算方式，结果导致通胀率跌入负值。当时，公众就曾大肆批评日本央行过早地取消量化宽松政策，其中站在批评第一线的就是拥有政治影响力的安倍晋三。

**黑田失言的真实情况**

2022年6月6日，日本共同通信社在东京千代田区的新大谷酒店举办讲座，现场气氛热烈非凡。日本央行行长黑田东彦没有打领带，看上去十分松弛。他走上讲坛后，缓缓开口道：

"最近，企业和家庭的物价预期和通胀预期都开始出现变化。日本央行3月份的短观调查显示，制造业和非制造业的销售价格判断指数DI（表示未来3～6个月的定价趋势）已经分别上升至1980年初第二次石油危机以及1990年初经济泡沫破裂以来的最高水平。"

黑田向来不喜欢即兴演讲。黑田出身于财务省，而财务省习惯从一线积累意见。黑田在新闻发布会上和演讲时也总是逐字逐句地按照企划团队撰写的文稿发言。当天，他也是如此。

"企业的定价越来越激进，同时家庭对涨价的容忍度也在提高。从实现价格可持续上涨的角度来看，这是极为重要的变化。"令黑田没有料到的是，发言中提到的"对涨价的容忍度"竟引起了一场骚动。

傍晚，媒体报道黑田发表了"家庭开始接受物价上涨"的言论后，一大批网友纷纷在推特上表示"我们并不接受涨价"，以宣泄自己的不满。日本央行也收到了许多控诉黑田言论的邮件。

家庭对通货膨胀十分敏感。如果物价上涨后工资仍然保持原有水平，人们的生活将会面临拮据和困难。

2022年开年之后，日本食用油和面粉价格显著上涨。同年春季，杯面等方便食品的价格也开始全面上涨。根据帝国数据银行的统计，2022年1月至6月底，日本共有6451品类的商品价格上涨，预计年内将有超2万品类的商品出现涨价。此外，平价代表品牌优衣库也宣布上调秋冬款商品的价格。2022年5月，在黑田发表家庭开始接受物价上涨的言论之前，日本实际工资同比下降了1.8%。实际工资增长率是名义工资增长率扣除通胀率后的数值。因此，实际工资的同比下降就意味着通胀率超过了工资增长率，这将导致家庭无法继续维持生计。日本央行并未意识到一股巨大的岩浆正在蠢蠢欲动。

黑田立即致歉，并全面撤回了该言论。13日，黑田在参议院预算委员会回答在野党的提问时解释道："我深刻了解当前家庭面临着艰难的消费环境，因此才被迫接受（涨价）。我所发表的家庭对涨价的容忍度正在提高这一言论并不恰当。"

"对涨价的容忍度"并不是黑田不小心说出的。实际上，这句不恰当的言论是日本央行企划团队事先多番确认过的内容。因此，失言的正主其实是日本央行的企划局。

黑田讲话的内容也并非有误。黑田在提到"对涨价的容忍度"之后，继续说道："东京大学的渡边努教授进行了一项有趣的调查。教授调查了消费者在发现熟悉的商店里熟悉的商品涨价10%后的做法，并在4月份的调查中发现了这一做法的变化。调查显示，当购物时发现熟悉的商品价格上涨后，选择换一家店的人数大幅减少，而接受涨价并直接购买的人数达到半数以上：这一结果与欧美国家一致。我们认为目前的关键是，在日本家庭逐渐接受物价上涨的过程中，尽可能维持良好的宏观经济环境，并创造下一年度的工资（包括基本工资）增长。"

黑田在演讲中重点介绍了一种设想，即家庭在新冠疫情期间积累了一些储蓄，使他们对物价上涨拥有了更强的抵抗能力。如果这一设想是真实的，那么即使未来物价将上涨，总体消费也不会萎缩，企业依然能够维持销售额，并最终创造一个涨薪环境。这是一种通过物价与工资之间的良性循环成功实现量化宽松政策的设想。日本央行企划局希望在通胀压力持续上升的同时，将缩减宽松政策规模纳入考量。黑田演讲中的"对涨价的容忍度"就透露出了企划局的这番心思。

2022年7月8日，安倍晋三在奈良市演讲时遭遇枪击，这一消息立刻传入了日本央行。

黑田在日本央行拥有压倒性优势的背后就是前首相安倍晋三的强大政治势力。

"如果说中央银行的主要使命是稳定物价，那么日本央行就是一个失败的央行。世界上从没有一个国家连续15年都处于通货紧缩中。"2013年3月21日，黑田就任日本央行行长的第一天，在日本央行总部9楼的大会议室里告诫员工道。当时在场的一位日本央行高层表示，现场的空气都凝固了。当时，安倍政府强烈要求日本央行进行体制改革，也是在安倍政府的大力支持下，黑田才做出了这一具有挑战性的训诫。

2018年4月，日本政府决定由黑田连任日本央行行长，黑田开启了罕见的第二任期。最终决定这一人事任命的人也是安倍。黑田上任伊始，安倍政府和日本央行在实施量化与质化宽松政策上一直处于同一战线，但在日本政府在财政政策上提出上调消费税等措施后，双方之间就出现了微妙的裂痕。尤其是内阁官房参事本田悦朗等通货再膨胀派认为，2014年消费税的上调导致了内需停滞，因此日本才无法实现2%的通胀目标。由于安倍经济学与强调财政纪律的黑田的思想方式存在明显差异，因此安倍经济学领导人之一的原审议委员中原伸之曾支持由本田取代黑田担任日本央行行长。

安倍阻止了通货再膨胀派"扳倒黑田"的意图。安倍提前协调了黑田连任的相关事宜，并在2017年夏季批准黑田连任。黑田的底气便来自最高掌权者的绝对信任。

2022年7月8日，在安倍逝世当晚，黑田发布了简短的评论："安倍先生在克服长期通货紧缩和实现可持续经济增长方面取得了巨大成就。我要向安倍先生致以崇高的敬意，感谢他的强大领导力以及对我国经济发展所做出的贡献。我对他的逝世深表遗憾。"据透露，安倍逝世后，黑田逐渐丧失了往日的活力，开始展露疲态。

黑田曾强调不会动摇维持宽松政策的大方针，并表示

"我们暂时不会加息。如有必要，我们将毫不犹豫地采取进一步的宽松措施"。尽管如此，安倍逝世后，黑田背后的压倒性政治资本已经明显开始衰弱。

## 2. "出其不意"

### 日元贬值已不再有利

"有人因日元贬值而受益吗？我认为制造业完全没有从中获利，日元贬值反而带来了诸多不利。日本经济的情况十分严峻，就连老百姓的生活都开始变得糟糕。"

2022年10月，优衣库母公司迅销集团社长柳井正发表了此番感想。当日公布的迅销集团2022财年（2021年9月1日～2022年8月31日）年报显示，迅销集团的年度纯利润已连续2年刷新历史新高。尽管如此，柳井正仍然十分担心日元贬值的问题，并强调日元贬值导致了原料价格上涨，因此商品涨价也是实属无奈。

日元贬值原本应该给日本汽车产业的出口带来积极影响，然而却出现了异于寻常的变化。2022年9月，时任丰田汽车社长的丰田章男也吐露了心声，表示："现实情况是材料与零部件的进口量正在不断增加，进口价格和能源价格的飙升反而给我们带来了许多不利因素。"

但凡日元汇率下跌1日元，丰田的营业利润都能提高450亿日元。然而，原料和能源价格的上涨却导致丰田在一年内损失了1.7万亿日元的利润。丰田社长表示："相较于从前，日元贬值带来的好处已经大大减少，供应商（零部件供应商）受到的影响可能更大。我们希望汇率能够尽量保持稳定。"

事实上，从日本经济的整体情况来看，日元贬值并没有给日本带来明显的出口增长。

2022年，日元汇率创下新低，但出口物量指数却比2021年下降了1.9%。出口物量指数是一项从数量的角度来分析出口情况的指标。为什么明明日元贬值了，出口量却不见增长呢？日本经济产业省的高官回答道："供应链已经转移到海外。尽管日元贬值，日本也不具备立即提高产量的生产能力。"

还有一项可以显示随着时间推移，日本制造业国内总体生产能力变化情况的指标，被称为生产能力指数。

生产能力指数在黑田上任的2013年为101.7，但到了2022年，该指数降至95.5。这说明日本制造业的生产能力在9年间下降了6%。其中，电气和信息通信机械领域的生产能力指数从 101.3 降至 89.6，降幅达 12%。这表明，尽管日元持续贬值，但日本的生产基地已经从国内转向海外。

2008～2013 年白川领导日本央行期间，日元升值给日本经济带来重创，但其间的生产能力指数降幅仅为 4%。虽然 2013 年以来的宽松政策导致日元大幅贬值，但这并不能阻止日本制造业向海外流出。如果仅从指数来看，宽松政策反而加快了日本制造基地向海外转移的脚步。

日本企业正在将生产向消费地区转移，在亚洲等潜力巨大的消费市场直接设立生产基地，在当地进行生产和销售。尽管日元持续贬值，尽管黑田在 2013 年后不断放宽货币政策，日本企业也没有将生产基地转移回日本的意思。这是黑田的一个重大误判，毕竟他自担任财务官以来就一直主张日元贬值有利于日本经济。

**宽松政策的突然修正**

"日本央行在今天召开的政策委员会和货币政策决策会议上决定调整部分收益率曲线控制政策，以改善市场功能，促进形成更加平缓的收益率曲线，同时保持宽松的货币环境。"

2022 年 12 月 20 日中午，日本央行悄然发布的一则公告引发了金融市场动荡。大阪证券交易所的日经225指数期货一度暴跌至26 050点，与东京现货市场上午的收盘价（27 315点）相比跌幅超1000点。

日本央行宣布将长期利率的波动区间从上下0.25%上调至上下0.5%左右。

利率呈上升趋势，因此长期利率不可能降到–0.5%。这也就意味着日本央行将长期利率目标上限从0.25%上调至0.5%左右。当日，《日本经济新闻》在官网发布了题为"日本央行缩减宽松政策规模，长期利率上限提高至0.5%，实现事实上的加息"的新闻。

广大市场参与者都没有料到日本央行会缩减宽松政策规模。黑田在同年10月底决策会议后的新闻发布会上曾明确表示从来没考虑过要缩减宽松政策规模或提高利率。此番公告一出，投资者纷纷乱了阵脚。

利率上升就意味着债券价格下跌。如果投资者在日本央行召开决策会议之前得知日本央行将提高长期利率上限，他们就会立刻抛售日本国债，以免蒙受损失。日本央行突然宣布缩减宽松政策规模的行为就是为了避免市场上出现国债抛售潮。财务省和日本央行高层也是迫不得已才采取了出其不意的战术，而这也是 YCC 政策的命运。最终，日经平均指数当天的收盘价比前一天下跌了 669 点。

"今天的会议决定调整部分收益率曲线控制政策。自今年初春以来，海外金融和资本市场波动加剧，对日本市场也产生了较大的影响。此外，债券市场在调节长短期利率的相对关系和期现套利方面无法发挥良好的功能。国债利率是企业债券利率和贷款利率的基准。如果任由现状发展，可能对企业发行债券产生负面影响。综合以上因素，我们做出了今天的决定。"

黑田在当天下午 3 时 30 分召开的新闻发布会上说道。

债券市场的功能正在衰退。此前，日本央行一直以 10 年期国债收益率为目标来控制利率。如果将债券的持有期限按照从 0 年、2 年、5 年、10 年和 20 年的顺序从左到右排列，通常收益率曲线是一条稳步上升的曲线。然而，由于 YCC 政策强行压低了 10 年期国债收益率，反而导致不受控制的 7～9 年期国债收益率高于 10 年期国债收益率。

10 年期国债收益率也称为长期利率，是一种典型的基准利率。如果这一基准出现扭曲，那么将对企业债券和地方政府债券产生影响，并导致公司和金融机构无法正常发行

10年期债券。这就是黑田所说的"对企业发行债券产生负面影响"。

"我们希望通过修正收益率曲线的扭曲,利用企业融资将宽松政策的效果更好地扩散到经济中。我们的目的不是提高利率、收紧货币政策或调整收益率曲线,而是改善YCC政策,使其更好地发挥作用。"黑田继续说道。

简而言之,黑田认为日本央行的决定并不是所谓的"加息"或"收紧货币政策",而只是一项改善收益率曲线的措施,其目的是提高量化宽松政策的有效性。

黑田并非口说无凭,但从日本央行的角度而言,这只不过是在自圆其说。因为企划团队的负责人副行长雨宫正佳其实一开始就想取消YCC政策。

虽然日本央行一直宣称将维持YCC政策,但自美联储和欧洲央行恢复加息后,全球投资者都认为日本央行迟早会缩减宽松政策的规模,美国和欧洲的投机者甚至已经开始做空日本国债。要想抵御投机者的攻击,就必须取消人为压低利率的YCC政策。财务省也认为最好的解决办法不是修正YCC政策,将长期利率上限从0.25%提高至0.5%,而是取消YCC政策,将调整利率的工作交还给市场。同时,只要日本央行承诺购买一定数量的国债，就可以避免利率飙升。

然而，据透露，黑田并没有同意取消 YCC 政策的提案。只要通胀率升至 2% 以上，且工资在 2023 年的春斗后上涨，就很有可能打破困扰日本央行多年的"零通胀"观念。黑田不想因为提前缩减宽松政策规模，而将这种可能性扼杀于萌芽阶段。

日本央行内部仍有推行安倍经济学的通货再膨胀派。他就是曾任早稻田大学教授的若田部昌澄副行长。若田部在前副行长岩田规久男和日本前首相安倍晋三的密友——前内阁官房参事本田悦朗的推荐下加入了日本央行。如果若田部也支持缩减宽松政策规模，那么失去了安倍这一支柱的通货再膨胀派将可能就此分崩离析。

与此同时，首相官邸表示希望日本央行采取措施阻止日元贬值，并抑制物价上涨。前文我们提到，一方面，这是由于财务省担心出现资本外逃的问题。另一方面，岸田政府希望在 2023 年春季的地方选举之前，抑制通货膨胀率的飙升。

折中的结果就是，暂缓取消 YCC 政策，并将 10 年期利率的上限目标从 0.25% 提高至 0.5%。黑田和若田部一致同意将这一改善理解为"更好地发挥 YCC 政策的作用"，而不是缩减宽松政策规模或调整YCC政策。财务省的一位高层评价道："执行委员会在通货再膨胀派存在的情况下恰到好处地修正了YCC政策。真不愧是雨宫先生。"

最后一个令人担忧的问题就是黑田声明的一致性。在新闻发布会上，有人曾指出黑田直到会议前仍对修改YCC政策持否定态度，但黑田坦荡地说道："当我们的决定与市场参与者的预期不同时，他们会感到自己被背叛了。但我们实施货币政策的目的是根据金融和资本市场的发展来稳定经济和物价，并尽快实现通胀目标。如果金融和资本市场或经济和物价的情况发生了变化，我们也自然会采取相应的措施。"

一些市场参与者表示，日本央行突然修正YCC政策的行为是一种欺骗。然而，海外的对冲基金中却有提前押注日本央行修正YCC政策并做空日本国债的投机者。这些欧美投机者也因此赚得盆满钵满。

英国蓝湾资产管理公司的首席投资官马克·道丁在接受《日本经济新闻》的采访时宣布了自己的胜利。

"正如我们所料，日元贬值不仅抬高了进口价格，也助力了新冠疫情后的经济正常化。物价上升的压力可能会进一步增加，日本将很难继续维持量化宽松政策。本次YCC政策的修正就是日本结束宽松政策的第一步。从这次的政策修正中可以看出，不能提前让市场察觉到日本央行有取消或调整YCC政策的动向。我们预计日本央行将在明年3月，也就是黑田行长卸任之前，将长期利率的上限提高至0.75%，或取消YCC政策。我们今后也将持续抛售日本国债。"

宽松政策的突然修正令人悲喜交加。12月20日，黑田行长在决策会议结束后致电岸田首相，向他说明了政策修正的具体细节。一位日本央行高层表示，YCC政策的修正是黑田为日本央行留下的财产。这一修正使得下一任行长得以顺利开展工作。

## 3. 卡尔·波普尔思想

黑田的十年宽松政策究竟有多少效果，又有何限制呢？

日本央行在2013年4月推出量化与质化宽松政策后，引发了金融市场的巨大反响。日元汇率从黑田上任前的1美元兑76日元跌至2013年底的1美元兑105日元。由此，日本经济"六重苦"⊖之首的日元升值终于得到缓解。截至

---

⊖ 日本经济"六重苦"是指：①日元升值；②过高的法人税；③电力成本过高；④参与自由贸易协定迟缓；⑤严格的劳动法规；⑥环境管制。——译者注

2023年5月，日元汇率仍保持在1美元兑130日元区间。

随着日元贬值，股价也呈现上升趋势。此外，日本央行对交易所交易基金的购买行为也促进了股价上涨。黑田上任后，日经平均指数30年以来首次从12 000点飙升至30 000点左右。

日元贬值也给企业带来了利益。根据法人企业统计，2021财年，总部设在日本的企业（不包括金融业）的经常利润达到839 246亿日元，比2012财年增长73%。增加的货币供应量流向房地产业，房地产价格指数（公寓）在十年间几乎翻了一番。

安倍经济学的设想是，在日本央行的超宽松政策的基础上，通过涓滴效应让大型企业和富人带动中小企业和家庭获利。按照计划，通过日元贬值拉动外需，通过结构性改革提高了生产率的企业提高员工工资，最终实现物价上涨。然而，在宽松政策中获利的企业却控制了用人成本，因此日元贬值带来的好处并没有惠及日本经济整体。

根据每月勤劳统计调查㊀，2022年日本的平均名义工资

---

㊀ 日本厚生劳动省进行的调查，调查内容包括薪资、劳动时间及雇佣的变化。——译者注

与 2012 年相比仅增长了 3.5%。与此同时，在原料价格上涨的通胀环境下，消费者物价指数同比增长了 3.3%。结合物价的波动情况，实际工资可能陷入负增长。

日本央行不断用宽松政策将利率控制在较低水平，因此削弱了宽松政策对生产率增长的促进作用。日本经济的潜在增长率从黑田上任前的 0.9% 降至 0.27%。此外，代表着整个国家经济发展水平的人均国内生产总值（GDP）也停滞不前，2022 年日本的人均 GDP 被意大利赶超，在七国集团（G7）中垫底。

黑田最初宣称将在两年内实现 2% 的通胀目标，但这一目标未能实现。在这一点上，黑田失策了。超宽松政策从"火箭筒"变成一场持久战，留下了不少负面影响。日本央行违背市场规律，强行压低利率的行为，造成了国家财政纪律松散。此外，加上防控新冠疫情期间大规模的财政支出，日本国债发行总额已从黑田上任时的 650 万亿日元激增至 1029 万亿日元。

日本央行资产负债表的扩张速度也在加快。在黑田掌管日本央行的 10 年间，日本央行从市场上买入了高达 963 万亿日元的日本国债。尽管日本央行已经偿还了部分日本国债，但截至 2022 年 3 月 20 日，日本央行仍持有 575 万亿日元的长期国债。这一数字是实施超宽松政策前的六倍。日本央行的国债持有量占国债总额的 54%，央行持有一半以上的国债，这种情况极为罕见。

日本央行内部对黑田的评价大多为"有信念的人"，换句话说就是"固执的人"。然而，黑田在修正政策方面一直表现得十分灵活。实际上，被称为黑田"火箭筒"的 QQE 政策仅在 2013～2016 年的三年间发挥了作用。此后，黑田放弃了继续采取出其不意的宽松政策，而是转向了收益率曲线控制这一更加持久的宽松政策。黑田在卸任之际，提高了 YCC 政策的上限目标，实现了事实上的加息。综合来评判的话，黑田应该是一个"有信念又灵活的人"。

黑田十分崇拜出生于奥地利的英国哲学家卡尔·波普尔。1974 年日本钻石社曾出版了《现代思想 6：批判理性主义》，其中收录了波普尔的两篇论文，分别是《科学：猜想与反驳》和《辩证法是什么》。这两篇论文的译者就是黑田。

当时，黑田已经进入大藏省，开始在国际金融局工作。他与自己在东京大学时的老师、法律哲学家碧海纯一教授一起负责翻译波普尔等思想家的著作。黑田酷爱读书，据说他在东京教育大学附属驹场高中（现筑波大学附属驹场高中）读书时，读遍了图书馆里的所有图书。

波普尔提出了著名的"证伪主义"。证伪主义与证实主义不同，证实主义是用科学的方式追求正确的事物，而证伪主义则认为只要没有发现错误，那么在科学上就是合理的。如果后来发现了错误，只要重写科学假设即可。据说，黑田在东京大学读书时就曾读过自己后来翻译的《猜想与反驳：科学知识的增长》一书。

2013年11月，黑田在《朝日新闻》的专栏中提到波普尔，并表示："常年在货币政策第一线进行分析和预测的经历告诉我，现实与理论往往并不相符。证伪主义告诉我们，不能将理论视为不可侵犯的，而应该不断摸索，灵活前行。"黑田是个有信念的人，细看他掌管日本央行的这十年经历，可谓一段政策的修正史。

第四章

# 多灾多难的行长：
# 白川方明

（2008～2013年）

## 1. 雷曼危机

### 白川方明的两大信念

"没想到雷曼兄弟会破产。这完全出乎了我们的意料。"

2008年9月15日,我与一位日本央行的高层取得联系后,他也对雷曼兄弟破产一事感到十分疑惑。我不假思索地询问道:"明后天是否有紧急降息的打算?"他回答道:"我们不会这么快行动。日本央行的政策利率仅有0.5%,我们必须先评估雷曼兄弟破产对日本造成的影响再行动。"

9月15日,美国第四大投行雷曼兄弟正式按照美国联邦破产法第11章规定的程序申请破产保护。当时,许多金融机构都受到次贷危机的影响而陷入经营困难。雷曼兄弟总资产达60万亿日元,作为一家规模庞大的金融机构,雷曼兄弟曾被视为"大而不能倒的金融机构"。这家大型金融机构的轰然崩塌,将导致金融市场跌入无底深渊。

日本央行计划在9月16日至17日期间召开货币政策决策会议。9月15日正值三天小长假的最后一天,我不得不从假期中回归工作,报道日本央行为应对雷曼兄弟破产采取的相关措施。雷曼兄弟在日本的分公司雷曼兄弟证券公司是日

## 第四章 多灾多难的行长：白川方明

本国债市场的主要参与者之一，拥有1200名员工。9月16日，小长假结束后的第一天，日本市场也面临着一场风暴。

当时的日本央行行长是2008年4月上任的白川方明。白川最初是副行长的候选人，由于提拔副行长武藤敏郎（前财务次官）为行长的提案被否决，白川成为行长。似乎这一错综复杂的人事任命以及随后发生的雷曼危机都预示着日本央行在接下来五年里将面临的混乱局面。

正如序章中所述，白川方明是日本著名经济学家小宫隆太郎的学生，1972年从东京大学经济学部毕业后，他直接进入了日本央行。在担任行长之前，白川曾出版过一本名为《现代货币政策：理论与实践》（共400多页）的著作，当时人们曾评价他为"货币政策爱好者"。与在日本央行内外都善于谈判的前行长福井俊彦相比，白川就任时才58岁，年富力强。他在新闻发布会上始终沉着冷静的表现也给人留下了一种"老学究"的印象。

不过，在我看来，白川并不是一位单纯的理论家，而是一位在日本央行摸爬滚打后，拥有自己坚定信念的人。

白川的第一大信念就是将维护银行系统安全的"宏观审慎"视为中央银行的首要任务。1990年，日本央行成立了信用机构课,白川就是该课的首位课长。

据说,当时的行长三重野康曾秘密要求白川等人制订一项计划,以应对经济泡沫破裂导致的金融机构破产。1993年5月,白川提交了一份文件,指出主要银行的不良债权最高已达50万亿日元,可能将造成15万亿日元的损失。他还向当时的大藏省提交了一份破产处理方案,其中包括向银行注入公共资金和成立接管金融机构。然而,大藏省却对此置若罔闻,白川亲眼看见了经济泡沫的破裂。通过这一经历,白川意识到金融体系崩溃对经济的影响极其恶劣,并开始谨慎处理宽松政策,因为过度宽松可能招致泡沫经济。

2000年前后,日本央行进入零利率政策时期。这一时期的经历同样影响了白川的信念。2000年6月,白川被任命为企划室审议员(现为企划局局长),负责设计货币政策。在长达六年的时间里,他一直是日本货币政策设计的核心人物,并克服了零利率政策和量化宽松政策面临的种种困难。

白川方明认为,大量供应货币有助于稳定金融体系,但他并不认为货币供应量对经济的影响大于利率政策。事实上,2001~2006年的量化宽松政策并未能帮助日本经济摆脱通货紧缩。小宫隆太郎对量化宽松政策的评价为"略有益

## 第四章 多灾多难的行长：白川方明

处，略有害处"，但白川认为从长远来看，小害可能会发展成大害。这一实践经历教会了白川一个道理，那就是日本央行行长应该谨慎对待量化宽松等非传统货币政策。

**美元流动性枯竭**

"有关雷曼兄弟破产一事，我们未能找到支援的金融机构。"2008年9月12日，美国财政部部长亨利·保尔森在G7的电话会议上说道。各国政府首脑只能保持沉默。保尔森原是高盛集团首席执行官（CEO），加入小布什政府后便深陷解决二战后最糟糕的金融危机这一泥潭之中。

同年3月，摩根大通在美联储的财政支持下收购了美国第五大投资银行贝尔斯登。白川等日本及欧洲当局都认为美国会采取同样的方式救助雷曼兄弟。但同年11月即将举行的美国总统大选，极大地改变了美国的风向。

小布什总统通过白宫幕僚长博尔滕告诉保尔森，"不要使用联邦资金，分阶段地解散雷曼兄弟"。如果政府动用公共资金的话，将引发负面的社会舆论。由于当年民主党贝拉克·奥巴马在总统大选中处于优势地位，因此共和党政府不得不放弃注入公共资金的计划。

英国的巴克莱银行曾有意救助雷曼兄弟，但当美国政府无法提供公共资金时，巴克莱银行的救助计划也遇到了困难。美国东部时间 9 月 15 日凌晨 1 时 45 分，雷曼兄弟申请破产保护。9 月 16 日上午，日本的雷曼兄弟证券公司也向东京地方法院申请破产保护。雷曼兄弟证券公司的债务总额高达 34 314 亿日元，这成为日本二战后的第二大破产案。

雷曼兄弟作为美国第四大投资银行，最终未能得到公共救助，以破产告终，全球金融市场也因此陷入麻痹状态。

下一个破产风险接踵而至。9 月 16 日，世界上最大的保险集团之一美国国际集团（AIG）陷入经营危机，美国政府慌忙决定通过公共资金施以援手。此外，资产达 3000 亿美元的大型机构华盛顿互助银行宣布破产，富国银行并购美联银行，美国的金融机构如同多米诺骨牌一般相继倒下。

从 2008 年春季开始，我的报道对象从财务省转移到了日本央行。负责报道财务省相关新闻期间，我参与了日本央行行长人事任命的采访。然而，由于"扭曲国会"的影响，人事任命悬而未决，我便被调离了工作岗位。雷曼危机爆发的时候，我负责报道日本央行相关新闻刚刚半年，还不太了解危机爆发时金融体系的情况。

9 月 17 日，日本央行召开决策会议，一位日本央行高层

## 第四章　多灾多难的行长：白川方明

告诉了我一项前所未闻的用于应对金融危机的资金供应方案。

"全球美元紧缺。日本央行正在与几国探讨，希望由日本央行来提供美元。"

当我提出"日本央行可以提供美元吗"的疑问时，他回答道："签订双边本币互换协议后向美联储借就可以。日本在海外的银行几乎都拿不出美元了。只要和美联储签订双边本币互换协议，日本就可以直接提供美元。"

这是雷曼兄弟破产的第二天，当时我还不清楚日本银行的美元短缺情况。但我知道，日本央行将与美联储合作，推出一项前所未有的资金供应方案。我相信，这一定是一项令所有记者为之振奋的计划。

不过，这位高层很快就慌忙动身离开了。我表示我会学习支持日本央行提供美元的资金供应方案，并结束了短短几分钟的采访。

我向当时的现场报道负责人汇报了日本央行正在考虑一项十分有趣的计划，从美联储借入美元，并在日本借出。我意识到，只要我下些功夫仔细挖掘，一定可以写成一篇爆炸性新闻。然而，第二天日本央行就宣布了这项全球性资金供应方案，把我的悠闲感吹得烟消云散。

当时，日本央行的金融市场局与美联储、欧洲中央银行以及英国、瑞士和加拿大的中央银行一直保持连线，共同商讨美元供应的具体措施。9月17日晚，时任金融市场局局长的中曾宏通宵达旦地与几国进行讨论，最终确定了总额为2470亿美元的美元供应方案。

记者们没有预料到这项国际合作措施的敲定速度会如此之快，这也说明了当时全球金融市场的危急程度之高。日本的海外分行虽然维持了健全的财务状况，但所有银行都已经无法从世界上购买到美元。如果日本的银行无法获得美元，丰田等正在大规模向海外扩张的企业现金流将受到重大影响。为了防止金融危机发展成为经济危机，日本不能有半点儿松懈。白川方明行长极为重视银行系统的安全性，因此他要求立即向外界公布美元供应方案。

"美元市场上出现了利率急剧上升和大幅波动的情况，此外，年底资金筹备工作的不确定性也在增加。本次各国央行间的协调措施旨在通过引入美元供应方案及其补充方案来改善整体市场状况。"

9月18日下午5时，白川行长向记者宣布道。此外，他还特意补充道："我并不担心日本海外分行的外汇储备情况。"

## 第四章 多灾多难的行长：白川方明

在当天的决策会议上，其他政策委员担心，越是强调美元供应方案，公众越会认为日本的海外分行存在外汇储备不足的问题，这反过来又会加剧金融体系的不稳定。白川在决策会议上表示：

"这是一个敏感的问题，所以我的发言将会非常小心谨慎。我会尽量不给人留下日本金融机构的外汇储备紧缺的印象。"

日本央行也早早地进入了应战状态。后来，白川曾在新闻发布会上透露，当时美元市场的流动性几乎枯竭。由于各国都担心坏账的出现，因此主要央行之间的美元互换利率一度升至两位数。

## 2. 不只是"被蜜蜂蜇了一下"那么简单

与处于雷曼危机中心的美国不同，日本的金融体系并没有出现裂痕。美元供应方案起到了重要的支撑作用。经济财政大臣与谢野馨将雷曼危机对日本的影响描述为"被蜜蜂蜇了一下"，日本政府也轻视了雷曼危机对日本经济的影响。

然而，日本还没高兴多久，史无前例的日元升值就将日本经济置于水深火热之中。9月初，美元兑日元汇率还是

1美元兑107日元。雷曼兄弟破产之后，外汇市场并没有立即出现波动，但随着金融危机的深入，日元逐渐走强。造成这一局面的主要是日元和美元之间的利差。

10月8日，美联储、欧洲央行、英格兰银行等全球十大央行史上首次"同时紧急降息"。几国央行同时将政策利率下调0.5%，降幅是往常的两倍。此举向市场宣告了几国央行之间的联手。2001年9月美国发生恐怖袭击后，美国和欧洲也曾联手降息，但如此大范围的同步降息却是史无前例的。

在此次降息行动中有三位核心人物。10月4日和5日，正值周末，美联储主席伯南克在华盛顿的办公室里不断给英格兰银行行长金和欧洲央行行长特里谢致电，询问他们是否要一起采取行动来影响市场。伯南克和金两个人都就读于麻省理工学院，志趣相投。三个人在10月5日晚上一致决定"同时紧急降息"。

美国东部时间10月7日上午6时30分（日本时间下午7时30分），伯南克主席召集了几国央行行长进行电话会议。加拿大央行行长卡尼和日本央行行长白川方明也参与了会议。不过，在电话会议之前，日本央行已经在决策会议上一致决定维持利率不变。因此，日本央行以当前日本的金融体

## 第四章 多灾多难的行长：白川方明

系十分稳定为由，从同步降息的队伍中脱身。

当时日本的政策利率仅剩0.5%，日本原本就不具备与其他国家联手降息的空间。此外，日本并不是金融危机的中心，因此对于日本来说，应该在全球经济可能陷入长期低迷的情况下，尽可能多地留出量化宽松政策的空间。

然而，从这时开始，日本央行就注定将被日美利差缩小导致的日元升值逼入绝境。9月底，日元汇率还处于1美元兑105日元的水平，但到了10月8日，日元汇率就突破了1美元兑100日元的大关。当美联储暗示将进一步大幅降息后，日元汇率在10月24日飙升至1美元兑92日元。

外汇市场中存在一种央行降息货币就下跌，央行加息货币就上涨的模式。各国之间的利差是影响外汇市场的一个因素。当市场处于恐慌状态时，这些变动往往更加明显。如果只有日本央行维持政策利率不变，而美国和欧洲不断降息的话，日元的升值趋势将一发不可收拾。

在10月8日几国同步降息之后，几国央行政策利率分别为：美联储为1.5%，欧洲央行为3.75%，英格兰银行为4.5%，瑞士央行为2.5%，加拿大央行为2.5%。各国均有进一步下调的空间。市场预期美国和欧洲央行会采取第二轮或第三轮的降息行动，但此时日本的政策利率仅有0.5%，已经没有进一步宽松的空间。

如果日元利率保持不变，而美元和欧元利率下降的话，由于收益率降低，资金就会从美国和欧洲回流至日本。日本是一个净债权国，在海外持有大量资产，全球经济受到冲击可能会加剧海外资产暂时回流日本。一旦市场认为需要"避险买盘"，就会有更多投机性买盘涌现，日元升值将难以控制。雷曼兄弟破产后的外汇市场就是"避险买盘"涌现的典型例子。

日元的升值将阻碍出口企业的发展。2008年10月，日经平均指数已下跌了30%以上，10月27日一度跌破了2003年4月创下的泡沫破裂后最低点（7607点）。在主要的股票价格指数中，日股价格指数跌幅最大。飙升的日元直接导致了高度依赖海外需求的日本企业收益恶化。日本经济急剧萎缩，第四季度的实际增长率为–9.5%（折合年率）。美国和欧洲的金融危机正在转化为日本的经济危机。

10月8日，日本央行决定不参与同步降息行动。然而不到20天，日本央行就被迫单方面降息。日本制造业对日元的大幅升值叫苦不迭。日本央行高层至今仍后悔当初没有加入同步降息的行列，认为当初日本央行应该考虑到全球降息

# 第四章 多灾多难的行长：白川方明

对外汇市场的影响。然而，从日美利差的角度来看，即使日本央行参与了同步降息，也很难完全避免日元的大幅升值。对于政策利率已经没有下调空间的日本央行而言，日元的大幅升值早已成为板上钉钉的结果。

当时，金融市场并不认为日本央行会降息。然而，我在10月31日决策会议前重点采访的政策委员却告诉我"今天的会议将决定日本的命运"，暗示了量化宽松的可能性。

日本央行在决策会议召开前的两个工作日内有一个"封锁期"，在此期间，政策委员不得对外发表任何评论。封锁期极大限制了我们的采访工作，但在封锁期前的10月28日，我向一位高层询问当前的情况时，他告诉我们："真实情况就是，我们考虑的不是要不要降息，而是要降多少。"通俗地说，日本央行的三位正副行长已经下定决心要降息，并打算在封锁期说服其他审议委员批准降息。

10月29日清晨，《日本经济新闻》发布了一则题为"日本央行正在考虑降息的可能性"的新闻。这则新闻让市场措手不及，当天清晨，日元汇率为1美元兑99.79日元，比前一天的收盘价低5日元以上。日经平均指数也在两天内上涨了1000多点。

当时我并没有在采访中了解到具体的降息幅度。我在报道中写道，"降息0.25%最为有效"，但其实白川行长的意见是降息0.2%。大多国家的央行调整政策利率时都是以0.25%为单位进行调整的，2倍的降息幅度就是0.5%，3倍的话就是0.75%，以0.2%为单位进行调整是十分反常的。究竟选择0.25%还是0.2%，日本央行内部对此也存在分歧。当时，白川希望为日本央行再次降息做准备，给政策利率留下0.1%的空间。如果利率彻底降为零，将阻碍短期金融市场的资金流动，扰乱市场运作。

在2001～2006年的量化宽松政策期间，零利率严重阻碍了短期金融市场的资金流动。这一经验塑造了白川降息0.2%的奇特想法。

在10月31日的决策会议上，白川等三位行长提议降息0.2%，而龟崎英敏和其他三位审议委员则主张采用0.25%的标准，讨论进入白热化。

加上反对加息的审议委员水野温氏，主席⊖提议一共获得了四票赞成和四票反对，决策会议上出现了罕见的平票。

---

⊖ 日本央行的货币政策决策会议上，主席需要听取、结合所有的审议委员提出的意见，最终做出主席提议。本次决策会议主席为白川方明。——译者注

最终，由主席决定将利率下调 0.2%。虽然 0.05% 只是微小的差异，并不会对实体经济造成影响，但七年来的首次降息仍然向市场传递了"鹰派"信号。

处于恐慌状态的金融市场并没有深刻理解白川想要保持市场正常运转的强烈意愿，仅将关注点放在了日本央行已经缺少降息空间上。这是为长期实施低利率政策付出的代价，也在全球金融危机中成了日本央行和日本经济的绊脚石。后文还会提到，日元汇率曾在 12 月突破了 1 美元兑 90 日元的大关，并一度升至 1 美元兑 87 日元。日本不仅面临着雷曼危机导致的全球经济衰退，还面临着日元过强导致的日本经济衰退。

## 3. 成为政权之争的人事任命

白川在雷曼危机发生之前的 2008 年 3 月 21 日被任命为副行长。由于行长职位一直空缺，因此白川也担任代理行长一职。当时，国会否决了福田康夫政府提交的前财务次官武藤敏郎的人事任命方案。4 月 9 日，白川直接从副行长晋升为行长。

4 月 10 日，白川方明前往华盛顿参加 G7 会议。这是他担任行长后首次参加国际会议。会上，白川开玩笑地介绍自己是"意外的行长"。这一自我介绍一方面说明了任命过程的"出乎意料"，另一方面也暗示了白川充满意外、波澜曲折的五年任期。

白川方明原是日本央行理事，离开日本央行后进入了京都大学执教。2007年11月，有人询问了白川有关出任日本央行副行长一职的意向。

最初与候选人联系的并不是首相官邸，而是委婉地咨询当事人意见的第三方。在挑选候选人的过程中，人事任命方案随时都有可能被推翻。因此，与首相官邸相熟的第三方也曾在2007年秋季询问了白川有关担任副行长的意愿，白川私下同意了。

2008年3月至4月期间，日本央行正副行长的人事任命成了国会的主要议题。时任副行长的武藤敏郎成为接替福井俊彦行长的唯一人选。武藤曾在2000年担任大藏省事务次官，同时也是2001年大藏省重组成为财务省后的首任财务次官。与日本央行出身的人相比，武藤的政界背景要厚实得多。2014年，武藤担任东京奥运会和残奥会组委会秘书长，充分发挥了自己的协调能力。

# 第四章 多灾多难的行长：白川方明

2003年，小泉纯一郎政府将武藤送进日本央行担任副行长，而负责2008年日本央行人事任命的福田康夫首相正是2003年的内阁官房长官。据说，从小泉政府时期开始，日本政府内就有了提拔武藤为行长的提议。

2007年7月，日本自民党在参议院选举中落选，国会进入了自民党主导众议院，民主党主导参议院的扭曲状态。安倍晋三因参议院选举失败，身体状况进一步恶化，在同年9月卸任首相。福田康夫接过了安倍的接力棒，但扭曲国会下的日本央行人事任命却让他伤透了脑筋。

每当我跟进有关日本央行的人事任命问题时，财务省高层总是给予一致的答复："我们提名的肯定是武藤先生，然而最终的决定权并非掌握在福田首相的手中，而是归属于小泽先生。"

新《日本银行法》的第23条第1款规定"行长和副行长应由内阁任命，并征得参众两院同意"，但新《日本银行法》没有明确规定参众两院出现分歧时的处理方法。一位财务省高层称："任命日本央行行长与副行长的审批流程并未考虑到扭曲国会的情况。"这是新《日本银行法》最大的缺陷。如果日本央行的人事任命需要经过两院的批准，那么执政党和在野党之间的"扭曲"便会引发政权之争。

因此，日本央行的人事任命权实际上掌握在国会第一大党民主党的手中。财务省甚至私下起草过一份修改国会审批人事任命流程的法律草案，但财务省已经错失了实施的机会。

民主党代表小泽一郎一直对武藤的晋升持支持态度。然而，民主党内的反小泽派却持反对意见。由于民主党内部的纷争，日本央行的人事任命逐渐演变成一个政治战场。

福田政府已经做好了在参议院上被在野党否决的准备，并在3月7日向国会提交了人事提案，提名武藤为日本央行行长，东京大学教授伊藤隆敏和日本央行前理事白川为副行长。众议院批准了这一提案，但参议院却否决了武藤和伊藤的提名。福田首相为了保住武藤，还提交了留任福井行长和武藤副行长的提案，但这一提案也被参议院果断地否决了。

最终，国会只通过了任命白川为副行长的提案。当时，一位身经百战的财务省官员泪眼婆娑，喃喃自语地说"太可惜了"。让武藤这一财务省大前辈在国会上颜面尽失，可想而知财务省官员们该有多么绝望。

然而，从政治角度来看，日本央行很难有这样的机会成为政权之争的焦点。对于在野党民主党而言，日本央行的人事任命是让福田政府落入困局的关键因素。只要民主党不批准，人事任命的提案就无法在国会上通过。日本央行的人事任命关乎日本经济，而在野党掌握着成败的关键，这也造就了日本央行后来被政界玩弄于股掌间的宿命。

任命武藤的提案被否决后，福田政府又向国会提名财务省前事务次官、日本国际协力银行行长田波耕治为日本央行行长。此时距离福井俊彦行长任期结束仅剩1天，这可谓一个极为大胆的人选，甚至连负责人事任命的财务省官员也是在会议当天才得知这一提名的。最终，国会通过了任命日本央行审议委员西村清彦（曾任东京大学教授）为副行长的提案，再次否决了任命田波为行长的提案。日本央行行长席位在战后首次出现空缺。

4月，在G7会议召开之前，福田政府向国会提议升任白川方明为行长。民主党已经通过了白川出任副行长的提案，对其晋升自然也没有任何异议。日本央行行长人选问题暂时得到了解决。然而，2008年秋季雷曼兄弟破产之时，日本央行仍有一个副行长职位和一个审议委员职位处于空缺状态。

## 4. 与美联储伯南克之争

### 降息到底

让我们回到雷曼危机爆发的 2008 年秋季。

2008 年 10 月 31 日,日本央行发动了 7 年以来的首次降息,但日本经济并未因此摆脱逆境。美国是危机的中心,美联储不断以超越日本央行的速度推出新政策。日美利差严重影响了日元兑美元的汇率,先发制人的美联储促成了日元升值、美元贬值的局面。

在格林斯潘之后担任美联储主席的是本·伯南克。伯南克是一位著名经济学家,深入研究了 20 世纪 30 年代的大萧条,并因此获得了 2022 年诺贝尔经济学奖。雷曼危机发生后,公众责备伯南克作为大萧条研究的领军人物竟然未能阻止雷曼危机的发生。其实,伯南克在雷曼危机爆发的 2008 年就采取了积极措施,尽量阻止了金融危机的蔓延。

9 月雷曼危机爆发后,美联储在 10 月 8 日的"全球同步降息"中将政策利率从 2.0% 降至 1.5%。不出一个月,美联储又在 10 月 29 日再次降息至 1.0%。

为了让沉睡的金融市场恢复活力,除了利率政策,美联储还推出了一系列大规模的货币供应政策和非常规货币政策。11月底,美联储推出了"信贷宽松政策",开始购买抵押贷款支持证券(MBS)。信贷宽松政策也是美国量化宽松政策的基础。12月6日,美联储将政策利率从1%下调至0%~0.25%,开创了美国历史上的首个零利率政策。这一宽松力度超出了人们的预期,同时也扭转了日元和美元的利差。日元升值更加不可控。当天,时隔13年,日元汇率首次触及1美元兑87日元区间。

如果利差决定着汇率水平,那么日本央行只有推出比美联储更加强劲的宽松政策,才能扭转日元升值的趋势。美国作为主要的储备货币国,已经放弃了国际合作,不管不顾地挺入宽松的队伍。反观日本,在宽松空间变得极度紧张的背景下,日本央行的焦虑情绪逐渐浮出水面,将日本央行执行委员会推上了风口浪尖。

日本央行计划在12月19日召开决策会议,但尚未敲定是否进一步降息。虽然出身于产业界的日本央行审议委员龟崎英敏(三菱商事前副社长)强烈敦促日本央行降息,但日本央行决策层还未向首相官邸和财务省表明态度。

有传言称白川对再次降息持谨慎态度,也有传言表示企划局局长雨宫正佳等人正在计划"出其不意的宽松政策"。这时候，我也再次针对进一步宽松的可能性进行了采访。

"进一步降息已经在所难免了吧？"

"现在已经没有弹药（进一步下调的空间）了。我们必须谨慎思考下一枪要打在哪里。你可以认为这一次我们不会降息。"

一位颇具影响力的日本央行高层在采访时肯定地告诉我。尽管日本央行已经没有弹药了，但它也有可能为了抵抗日元升值的压力，在最后一刻决定降息。采访一直持续到半夜，我深刻认识到此次会议的结果未必是维持现状，也可能在千钧一发之际改变决定。

《日本经济新闻》在19日的晨报中报道了"日本央行正在考虑降息"的新闻。最终，19日的会议以8票赞成和1票反对的结果通过了将政策利率从0.3%下调至0.1%的决定。

在此插一句题外话，其实媒体界内还出现了一些更加超前的新闻。某大型报社在当天的晨报中报道了"日本央行将重启量化宽松政策"的新闻。美联储启动了抵押贷款支持证券购买计划。日本央行也在19日的决策会议上决定加大长期国债的购买量，因此可以把这项举措理解为量化宽松政策中的一环。

这是日本央行的企划团队给媒体出的点子。日本央行希望通过媒体的报道，来反击"日本央行不愿放宽货币政策"的批评。然而，白川却在19日的新闻发布会上否认了对量化宽松政策的重启，称"并没有人想通过扩大基础货币来刺激经济"。白川认为，如果政策管理只靠花言巧语来满足市场预期的话，终有一天投资者和消费者会对日本央行失望，还将有损央行的信誉。市场本对日本央行抱有短期期待，但白川的否定却加强了市场对日本央行不愿推行量化宽松政策的看法。日本央行最终没能逆转日元升值的局面。

金融危机爆发前，除日本之外的其他国家都仍有降息空间。2007年，美国的政策利率为5.25%，欧洲央行的政策利率为4.0%，货币政策仍然可以施展身手。美国和欧洲央行通过大幅降息很好地应对了金融市场和实体经济的恶化。然而，日本央行已经无法再降息了，因此日本央行在对抗日元升值的过程中始终处于不利地位。不仅如此，市场上还出现了认为货币供应量的增减会影响外汇市场的"索罗斯图表理论"。虽然索罗斯图表未必在理论上是正确的，但市场也因此开始重视日本和美国央行的货币供应量。这就是容易受心理而非理论影响的金融市场最令人头疼的地方。

**沉睡的企业融资**

"我们希望日本央行购买短期融资券（CP）。"

产业界向日本央行提出了一项特殊的申请。雷曼兄弟破产后，资金提供者"人间蒸发"，企业营业额大幅下降，资金周转陷入困境。

其中，筹措短期资金的CP市场所遭受的冲击最为严重。2008年10月，日本短期融资券的发行总额为184 800亿日元，同比下降13%。金融危机导致利率居高不下，市场上也接连有企业放弃发行短期融资券。大型企业越来越依赖银行贷款，中小企业难以获得融资，企业融资逐渐陷入恶性循环。此时的日本经济刚刚解决了银行不良债权的问题，且雷曼危机还未对金融体系产生太大影响，但这种乐观情绪渐渐烟消云散。

2008年9月，麻生太郎政府在雷曼兄弟破产的风口浪尖上台。秋意渐浓，麻生政府夜以继日地讨论着帮助企业融资的方法。政府手头有一份深陷融资困境的大型企业名单，其中包括了日产汽车和欧力士。

企业债券市场和CP市场是融资的关键，规模总计高达70万亿日元。经济产业省的内部计算表明，"按照目前的情况,将有 20 万亿日元无法实现借新还旧"。企业的融资需求越来越大,然而银行持股中出现了巨额的未实现损失,银行的自有资本遭到限制,银行根本没有扩大信贷规模的能力。如果不唤醒沉睡的企业融资,即使是拥有强大竞争力的企业,恐怕也会蒙受无法弥补的损失。

此时,美联储对企业融资提供了帮助。10 月,美联储制定了购买短期融资券为企业提供资金的支援制度。当时美国的短期融资券利率正在急速上升,企业每次借新还旧都有可能加重资金负担。美联储还购买了三井物产等日本企业美国分公司的短期融资券,加快了日本企业筹集美元资金的脚步。而日本政府和日本央行则受到了批评,公众指责日本央行在美国救助日本企业时,对短期融资券市场的窘状不管不顾。

然而,白川行长并不是对购买短期融资券一事心存顾虑。

美联储等一些央行的短期融资券购买制度由财政部的后备资金支持。纽约联邦储备银行会通过特殊目的工具(SPV)为美联储提供资金以购买短期融资券和公司债券,即使出现损失,也将由美国财政部代为承担。然而,日本却从未客观讨论过承担损失的问题,日本央行一旦购买了企业的短期融资券或公司债券，就需要承担企业破产后的全部损失。这才是白川犹豫不决的原因。

无奈之下，麻生政府只好委托刚完成股改的日本政策投资银行实施短期融资券的紧急购买计划。当时日本政策投资银行即将转为民营企业，日本政府内部也在犹豫是否应该让其承担与日本央行同样的损失风险。不过，当时财务省的一位高层认为"如果日本央行不采取行动，我们也顾不上那么多了"。

针对这一事态发展，日本央行也在 12 月 19 日决定进一步降息的同时，决定了购买短期融资券。一直全权负责金融危机应对措施的财务省对此十分不满，认为日本央行的动作过于迟缓。

2008 年第四季度日本经济的实际增长率下滑 9.5%（折合年率），已经连续三个季度下滑。日本经济陷入了战后最为严重的衰退。

## 5. 意料之外的通缩宣言

白川体制下的日本央行意外连连，而日本的频繁"换相"也出乎日本央行的意料。

## 第四章　多灾多难的行长：白川方明

2009年9月，继自民党福田政权和麻生政权之后，民主党鸠山由纪夫当选日本首相，实现了日本战后真正意义上的政权更迭。之后，菅直人和野田佳彦先后接任首相，民主党长期处于执政地位。2012年，安倍二度拜相，政权再次回到自民党手中。

在日本央行的历史上，只有白川一人先后同6位首相共事过。白川的继任者黑田东彦是日本央行史上任期最长的行长，但在黑田领导的十年里安倍政府和菅政府一直是黑田的"后援团"。然而，在白川担任行长的这五年间，各种阻碍层出不穷，以至于白川获得政治支持的希望也极为渺茫。

这个时期，我的工作重心又从日本央行转移到了内阁，在负责内阁报道工作的一年时间里，我的报道重点主要围绕宏观经济分析。我遇到的第一个挑战就是分析雷曼危机后的国内生产总值（GDP）。我刚到岗时，政府正准备公布2009年第一季度的经济增长率。

2009年5月20日，我一大早就到了内阁府的记者办公室，草拟在得知结果后可以立即发出的稿件。根据正式公布的文件，2009年第一季度日本经济增长率折合年率环比下滑15.2%（初值），是二战后最严重的经济恶化。

其中，下滑最为严重的是出口量的增长率，折合年率环比下滑 26.0%。时任经济财政大臣的与谢野馨对此发表评论道："这反映了经济状况正在急速恶化，日本的经济形势十分严峻。"此外，3 月的失业率与 1 月相比上升了 0.7 个百分点，达到 4.8%，日本经济面临着长期停滞的风险。

麻生政府未能阻止雷曼兄弟破产后的经济衰退，便在 2009 年 7 月宣告辞职。麻生自 2008 年 9 月上台后就一直处理着雷曼危机下的经济对策问题，未能在合适的时机提出解散众议院。在 2009 年 8 月 30 日举行的众议院选举中，民主党获得全部 480 个议席中的 308 席，取得了压倒性的胜利。9 月 16 日，民主党党首鸠山由纪夫当选日本首相，实现了战后日本两大党派首次真正意义上的政权更迭。

前文提到，白川方明是在民主党的认可下被任命为日本央行行长的。当时，日本央行认为货币政策终于迎来了政治上的东风，但这一想法似乎还是过于天真了。

民主党的大多数高层都没有管理政权的经验，在经济政策方面也暴露了许多协调不足的问题。民主党为了维持支持率，将矛头指向了日本央行。雷曼危机后的全球经济恶化导致了原油价格暴跌，日本的通胀率也在 2009 年 8 月跌

至 −2%。

经济状况恶化与物价下跌同时发生，不禁令人产生日本进入了通货紧缩的负面印象。白川体制面临着经济和政治上的两难局面。

"本次量化宽松（QE）政策实施后，按季度看 GDP(初值)的名义增长率已连续两个季度低于实际增长率。我担心我们正在逐渐迈入通货紧缩的时代。"

2009 年 11 月 16 日，经济财政大臣菅直人在日本内阁府的新闻发布会上说道。当天公布的增长率显示，扣除通胀率后，GDP 实际增长率为 4.8%（折合年率，初值）。然而，实际增长率加上通胀率的名义增长率却为 −0.3%。出现了实际增长率和名义增长率正负颠倒的情况。换句话说，虽然商品和服务的产量增加了，但消费者的实际收入却减少了。日本经济虽然已从雷曼危机引发的负增长中恢复过来，但增长速度极其缓慢，日本经济正在步入通货紧缩。

日本政府准备在 4 天后发布"月度经济报告"。日本政府每个月都会更新一次报告，向公众传达政府对日本经济的官方认识。同样负责内阁府报道的记者同事在采访中了解到，日本政府正在考虑三年半以来首次在月度经济报告中发布"通货紧缩宣言"。《日本经济新闻》在 11 月 16 日的晚报中详细报道了 GDP 的初值,并提到了"政府将发布通货紧缩宣言"。

与此同时,我向一位日本央行高层询问了实施进一步宽松政策的计划。

内阁府将通货紧缩定义为"物价连续两年下跌"。然而,一般公众眼中的通货紧缩则是"伴随着经济衰退的物价下跌"。我本以为,政府既然发布了通货紧缩宣言,就说明政府已经草拟了经济对策。回顾历史,日本政府曾在 2001 年 3 月发布"通货紧缩宣言",而日本央行也紧接着在三天后采取了量化宽松政策。

然而,这次日本央行高层却语塞了,甚至反问我:"你说的发布通货紧缩宣言是真的吗?"

如果政府和日本央行在没有任何准备的情况下发布"通货紧缩宣言",反而会挫伤企业和家庭的预期,不利于消费和投资。俗话说,经济和疾病都是"起于心"。民主党在没有任何准备的情况下就发布通货紧缩宣言,也证明了民主党并没有理解这一微妙之处。

菅首相没有修改他的发言,并在 11 月 20 日的月度经济

## 第四章 多灾多难的行长：白川方明

报告中按计划宣布了"我们正处于慢性通货紧缩的状态"。

同一天，日本央行召开了货币政策决策会议。会议议题集中在两点：第一，日本央行是否承认通货紧缩正在发生；第二，日本央行是否应该袖手旁观，任由政府发布通货紧缩宣言而不采取进一步的宽松政策。

白川尽量避免让日本央行轻易使用"通货紧缩"一词。白川精通经济史，因此对于他来说，通货紧缩是一个让人联想到大萧条的词。白川也曾在他的书中将通货紧缩描述为"一个与20世纪30年代的大萧条有着深刻联系的词，会让人产生恐惧感"。

日本政府曾在2001年自民党政权下发布通货紧缩宣言，并于2006年解除，当时日本央行也同样亟须推出量化宽松政策。政府的通货紧缩宣言本应该有利于日本央行进一步的宽松政策。然而，当时的一位日本央行高层称，"民主党政府完全没有与日本央行协商过进一步宽松政策的相关事宜"。然而，市场并不会认为日本政府和日本央行之间存在协调不力的问题，这反而加重了公众对日本央行在通货紧缩的环境下仍不愿采取进一步宽松政策的印象。

白川方明在11月20日决策会议后召开的新闻发布会上

发表了自己的看法。虽然他的观点是正确的,但并不符合市场参与者的预期。

当被问及发布通货紧缩宣言后日本央行的政策设想时,白川回答道:"我想很多人都认为日本央行应该通过提供更多流动性或扩张资产负债表来摆脱通货紧缩。关于这一点,我想谈谈我的想法。"

白川方明的观点主要可分为两点。

第一点是日本央行正在提供充足的流动性。2009年10月,美国银行的企业融资同比下降了17%,跌幅较大,而日本的企业融资同比上升了0.5%,呈小幅上升趋势。白川指出,"从这一年的变化来看,日本的贷出(借入)情况明显比欧美国家更为乐观"。这表明,美国的金融环境正在收紧,通货紧缩程度比日本更为严重。

第二点是关于市场对量化宽松政策的期待。日本央行已经将政策利率降至0.1%,而进一步宽松政策的重心则需要从利率转移到货币供应量上。白川对此表示:"我认为仅仅通过提供流动性是无法促使物价上涨的,我们可以从美国这次的经验中总结出这一点。日本推出量化宽松政策时央行提供的超额准备金占GDP的5.8%,而目前美联储的这一比率在 6% 左右。总而言之，日本的量化宽松政策和美联储目前的政策都以超额准备金的形式为市场提供了流动性，但这样的政策在提振物价方面并没有起到太大的作用。"

日本央行此时的量化宽松政策是通过允许民营银行在央行存入高于法定数额的准备金，从而创造资金盈余，并将这笔盈余的资金用于企业和个人贷款。美国也采取了类似量化宽松的政策，然而美国的企业融资仍然在大幅下降，这说明政策并没有取得成效。

总结起来，白川的观点为：①经济复苏需要重建金融体系，而日本的银行业目前运作良好；②仅靠放水的量化宽松政策无法达到提振物价的效果。

然而，经济界只是单纯地希望日本央行能够采取进一步的宽松政策。企业的不满并非源于物价下跌，而是日元升值。2010 年，人们用"六重苦"来形容当时的情况。六重苦指的是日元升值、过高的法人税、电力成本过高、参与自由贸易协定迟缓、劳动力市场的僵化、环境管制的六大困境。其中，日元升值引发了公众对日本央行的强烈批评。市场普遍观点认为，只要央行实施量化宽松政策就可以改变汇率。在 2008 年雷曼危机之后，日美利差确实是影响外汇市场的决定性因素。白川时期，日本央行最大的敌人就是日元升值，而究其根源其实是美联储造成的。

## 6. 诞下了通货再膨胀派的宽松之争

### 杰克逊霍尔之变

2010年8月10日，日本央行决定维持货币政策现状之后，美联储突然推出了新的量化宽松措施，进一步加大美国国债的购买量。伯南克体制在雷曼危机后一直在摸索大规模宽松政策的退路，如今却紧急掉头，再次踩下了进一步扩大量化宽松政策规模的油门。

此时距离雷曼危机爆发已过了近两年的时间。尽管美国采取了包括零利率和量化宽松在内的长期货币宽松政策，但美国的通货膨胀率（个人消费支出价格指数）仅上升到1.5%左右。美联储主席伯南克等人十分担心美国也会陷入日本式的长期低通胀和低增长。

美联储突然推出的宽松措施令市场大吃一惊，并导致外汇汇率再次大幅波动。2010年5月，日元兑美元的汇率为1美元兑94日元，而8月11日汇率便上升至1美元兑84日元，日本经济时隔15年再次迎来日元升值。美联储在10日

## 第四章 多灾多难的行长：白川方明

发表的声明中暗示有意进一步宽松后，市场再次形成了"美联储激进宽松，日本央行无力宽松"的格局。虽然美联储的降息空间也已经告急，但令人意外的宽松政策还是引发了市场的投机行为，日元走强已成定局。

当时，公众批评菅直人首相（民主党）在经济管理上无能。于是，菅直人让财务省财务官玉木林太郎给休假中的中曾宏致电，请他召开一次日本政府与日本央行之间的意见交换会。行长白川方明以日本央行的名义出席了会谈，明确表示将毫不犹豫地通过抛售日元来干预市场。

然而，这一小风小浪并未阻止日元走强。

美联储主席伯南克在8月27日的杰克逊霍尔会议上表示："如果我们认为有必要，我们随时准备通过非常规手段来进一步宽松。特别是在经济前景严重恶化的情况下更要如此。"美联储这番话暗示了短期内采取进一步宽松政策的可能性。会议当日，伯南克匆忙修改了原定的演讲内容。会议召开时，日本已是周六，但仍能想象到下周一外汇市场的腥风血雨。

杰克逊霍尔会议是几大央行负责人和经济学家共同探讨货币政策的内部会议。会议地点设在美国西部怀俄明州的一个山间小屋。杰克逊霍尔会议本来是一个极其轻松的国际会议，与会者们上午进行讨论，下午组织飞钓。然而，继伯南克演讲之后，会议上还经常发表一系列备受瞩目的讲话，杰克逊霍尔会议也逐渐成为一场财经记者不得不密切关注的会议。

伯南克关于进一步宽松的发言很快就传到了大洋彼岸的日本。首相官邸也按捺不住了，菅直人首相称自己深刻意识到外汇市场的过度波动将对经济和金融稳定产生负面影响，并表示将在必要时果断采取外汇干预措施。同时，他要求正在美国与伯南克等人一起参加杰克逊霍尔会议的日本央行行长白川方明回国后尽快安排日本政府与日本央行之间的高层会议。

副行长山口广秀立刻向白川汇报了日本的局势。白川不得不缩短美国的出差行程，在29日返回了日本。回国后的第二天，白川就匆忙召开紧急货币政策决策会议，重点讨论日元升值的应对措施。

### 全面量化宽松政策

8月30日，日本央行等不到原定于一周后召开的例会，开始修改货币政策。西村清彦副行长表示："日元走强的趋势对企业情绪的影响日益显现，实体经济面临下行风险。我

## 第四章 多灾多难的行长：白川方明

们需要紧急实施进一步的宽松政策。"

然而，会议仅决定了要扩大逆回购（以 0.1% 的低年利率借出资金）等公开市场操作的规模，将操作期限从现在的三个月延长至六个月。9 月 15 日，日元兑美元汇率升至 1 美元兑 82 日元，日元走强趋势仍未减弱。菅直人政府六年半以来首次采取抛日元、买美元的方式干预市场，但也并没有扭转日元升值的局面。

在 10 月 5 日举行的决策会议上，审议委员宫尾龙藏悲观情绪爆发，称如果日元继续升值，日本出口、企业利润、股价和物价将继续面临下行压力。审议委员龟崎英敏表示摆脱通货紧缩的日子将越来越遥远。审议委员野田忠男也主张当前急需更强有力的宽松政策。所有的审议委员都对当前的局势有强烈的危机感。日本央行担心日元走强的局面一旦固化，将破坏制造业的增长前景。除此之外，政界提出的《日本银行法》修正案也令日本央行忐忑不安。

8 月底，跨党派"摆脱通货紧缩议员联盟"（以下简称议员联盟）通过了一项决议，宣布如果日本央行不进一步放宽货币政策，将考虑修改《日本银行法》。拟议修正案中涉及了设立通胀目标等内容，但令白川和山口等人大吃一惊的是，修正案中还提到"调整日本央行正副行长和审议委员的任命方式"，这意味着如果日本央行没有实现通胀目标，国会可以主动罢免日本央行行长。

根据现行《日本银行法》的规定，虽然正副行长的任命需要经过国会批准，但内阁和国会都不具备罢免权。这也是央行独立性的壁垒，使得货币政策能够远离政治。修正案拟赋予国会罢免权，这无疑是对白川体制施加的重压。尽管白川不承认量化宽松政策存在刺激经济的效果，但进一步宽松政策的制定已经迫在眉睫。这显然是出于一种保护组织的观点。

此外，议员联盟的支持者中包括耶鲁大学名誉教授滨田宏一、学习院大学教授岩田规久男（后任日本央行副行长）和早稻田大学教授若田部昌澄（后任日本央行副行长）等人。日本产业界对日本央行的批判，促成了日本政界和学术界中通货再膨胀派的诞生。可以说，2012年安倍经济学的种子就是在这里播下的。

在2010年10月5日的会议上，日本央行决定采取进一步的宽松政策。政策包括三大内容：①明确实施零利率政策，将政策利率从0.1%下调至0～0.1%区间；②实施时间轴政策,保持零利率直至预期的物价涨幅达到约1%;③创立总额35万亿日元的基金用于购买风险资产。会议上各方对将政策利率定为一个区间是否构成降息的意见出现了分歧,而副行长山口广秀在会上强调可将这一举措视为保守降息。

日本央行购买的资产除了长期国债和短期融资券,还包括交易所交易基金和房地产投资信托基金等风险资产。

由于购买风险资产存在损失风险,因此对央行来说,这是一项特殊的措施。熟悉货币政策的人也许会意识到这项措施其实也是2013年量化与质化宽松(QQE)政策的雏形。后来黑田行长也曾表示QQE政策是一项"与以往截然不同的量化宽松政策"。白川将5日会议上提出的一揽子政策命名为"全面量化宽松政策"。

白川在新闻发布会上表示:"我们必须仔细思考日本央行能做些什么,并且继续实施更强有力的量化宽松政策。日本央行一直是量化宽松政策的领跑者。我将这次的政策称为全面量化宽松政策。"

当日,日经平均指数比前一天上涨了137点。然而,这并没有阻止日元升值。10月下旬,日元汇率处于1美元兑80日元左右的高位,接近1995年创下的历史最高点(1美元兑 79.75 日元)。当时,日本央行执行委员会曾有人表示:"宽松政策是在政府的施压下才实施的,因此我们很难给予市场积极的意外来扭转局势。这让我深刻意识到了日本央行与市场、政界沟通的难度。"

大约在这个时候,日本经济团体联合会会长米仓弘昌(住友化学公司前社长)曾发表言论:"由于美国经济的不确定性和(美联储)进一步放宽货币政策的可能性不断提高,美元正在面临下跌趋势。对于日本企业来说,目前的日元汇率水平明显过高。"他表达了自己强烈的危机感,进一步提出了自己的希望:"我们尤其担心日元升值对日本制造业业绩和出口竞争力产生的影响。我希望日本政府和日本央行灵活实施财政政策和货币政策,包括干预外汇市场,努力实现新的增长战略,为经济复苏注入动力。"

日本、美国和欧洲的央行在政策管理方面有着不同的弱点。美国家庭持有的股票比例很高,因此美联储在管理政策时总是顾及股价,这种管理方式被称为"格林斯潘对策",因此美国的经济环境很容易形成资产泡沫。由于欧洲在一战后经历过恶性通货膨胀,因此欧洲央行对物价上涨极为敏感,这也是欧洲央行被认为是最"鹰派"的主要央行的原因。反观日本,日本央行的政策管理明显受外汇市场牵制。外需实现了日本战后的高速增长,因此日本的大型出口商对货币政策拥有着强大的话语权。

日本央行推出全面量化宽松政策后,美联储立即在11月2日至3日的联邦公开市场委员会(FOMC)上推出了第二轮量化宽松政策(QE2),决定购买6000亿美元的美国国债。日本央行已经没有进一步下调政策利率的空间了,日本央行在对抗日元升值的过程中,始终处于不利地位。

## 7. 东日本大地震

### 日元升值带来的困境

2011年3月11日是日本历史上刻骨铭心的一天。宫城县以东海域130公里处发生9.0级大地震。当时,白川方明正坐在日本央行总部八楼的办公室里,为下周一(3月14日)召开的决策会议做准备。

这次地震被称为东日本大地震,地震引起的海啸给日本造成了难以想象的破坏。东京沿海地区发生火灾,浓烟滚滚,城市交通陷入瘫痪。同时,移动通信也出现故障。海啸的巨大冲击导致福岛县第一核电站发生堆芯熔段事故。这成了世界历史上最大的灾难和事故之一。

地震发生后 15 分钟后，白川成立了灾害对策本部，亲自担任部长。他还确认了日本央行资金结算网络的运行情况。日本央行立即发布声明称："日本央行在东北地区的分行和办事处的业务照常进行。同时，日本央行资金结算网络也在正常运行中。"

日本央行的当务之急就是将金融不稳定扼杀在萌芽状态。3 月 14 日，也就是地震后第一个工作日，日本央行为货币供给操作提供了有史以来最高的 21 万亿日元的额度。在同一天的决策会议上，日本央行还决定扩大全面量化宽松政策规模，增购 5 万亿日元的资产。

尽管如此，金融市场的动荡也并未得到缓解。日经平均指数在 3 月 14 日下跌了 633 点，次日又大幅下跌了 1015 点。

震灾发生后，日元的进一步升值也加重了日本经济的负担。3 月 17 日，日元汇率飙升至 1 美元兑 79 日元左右，创历史新高。当时市场上传言震灾发生后日本的生命保险公司和损害保险公司由于支付索赔款的压力，正在抛售大量的美元资产。尽管实际上保险公司抛售的是持有的日元资产，但市场的流言蜚语还是引发了投机性的日元买盘和美元卖盘。

日本政府和日本央行动员七国集团采取 11 年以来的首

次联合干预行动,联手为日元降温。自百年来最大的金融危机雷曼危机爆发之后,日元始终保持强势,而近代最大的震灾之一东日本大地震则让日元升值的局势更加严峻。在白川时代,日本央行可谓意外连连,但罪魁祸首却始终是日元升值。受日元升值的影响,战后推动日本经济高速增长的制造业也开始流向海外。

让我们来看看日元汇率与日本经济之间的关系。战后,日本凭借 1 美元兑 360 日元的固定汇率,实现了出口导向型的高速增长。日本制造业的竞争力日益增强,而日元始终保持低位,这就促进了日本商品向全球市场的大规模出口。1950 年,日本的出口额仅为 2980 亿日元,但到 1971 年,日本的出口额已大幅增长至 8.4 万亿日元。

然而,站在美国的角度看,日本出口额的大幅增长只是美元升值所导致的国际竞争力下降罢了。美国经常项目收支的严重恶化导致了尼克松冲击——1971 年美国关闭了美元兑换黄金的窗口。战后,以美元为主要储备货币的布雷顿森林体系崩溃,各国汇率制度逐步转向浮动汇率制度。

20 世纪 80 年代,美国不得不加快美元贬值的脚步。美国对抗通胀产生的副作用导致美国的经常项目收支和财政收支同时恶化，美国出现了双赤字。当时，汇率已经无法维持在1美元兑250日元的水平。因此，五国集团在1985年秘密召开财政部部长和央行行长会议，共同签订了《广场协议》，决定通过联合干预促使美元贬值。

《广场协议》签订后，日元汇率开始急剧上升，一年后日元汇率便飙升至1美元兑150日元左右。短期来看，日本自此陷入了被称为"日元升值萧条"的经济衰退，而从中长期来看，日元升值促进了泡沫的形成，对日本经济造成了致命打击。1986年，日本政府为了缩小经常收支盈余，编制了《前川报告》，同时推动内需扩大和市场开放。日本迅速实施了财政刺激和量化宽松政策，仅1986年一年内就下调了四次基准利率。

不过，这些举措仍未改变日本经常项目盈余的趋势。简单来说，国际收支与基于人口动态的各国储蓄与投资之间的平衡息息相关。即使日本单方面采取扩大内需的措施，国际收支也不会发生根本性的变化。最终，过度刺激反而导致了日本产生经济泡沫。20世纪80年代后期，房地产贷款以每年20%的超高速度增长。日本的房地产总额也翻了一番多，从1985年的1003万亿日元增至1989年泡沫顶峰时期的2136万亿日元。

1991年泡沫破裂后,日元也没有停下升值的脚步。1993年,克林顿政府上台后,向公众承诺将减少日美贸易逆差,导致了日元的进一步升值。日美在半导体、汽车、钢铁和保险等领域爆发了贸易摩擦,美国政府明确提出了削弱美元、提振日元的要求。1994年7月,日元汇率突破1美元兑100日元,1995年4月,日元汇率再次飙升至1美元兑79.75日元,达到当时的最高水平。泡沫的破裂已经让日本经济内需严重下滑,而日元汇率历史性的飙升又带来了外需走弱的严峻考验,日本经济雪上加霜。

1994年7月,黑田东彦被任命为大藏省国际金融局审议官,随后担任财务官,并于2003年卸任。这段经历让黑田坚信:日元走强不利于日本经济。

日元升值导致日本企业开始向海外转移。1990年,日本企业的海外生产率只有4%,而到了2000年,这一数字已经超过10%。

2000年后,日元升值的趋势得到逆转,然而日本企业却仍未停下向海外转移的脚步。进入21世纪以后,日元汇率一直在1美元兑100～135日元的低位游走。尽管如此,2008年日本企业的海外生产率仍上升到15%以上。自2001

年中国加入世界贸易组织（WTO）以来，新兴经济体迅速崛起，日本企业将亚洲作为生产和消费中心，更是加快了进军亚洲的步伐。

黑田提出的量化与质化宽松政策也没能阻止日本企业向海外转移。日本企业的海外生产率从 2011 年的 17% 上升到 2017 年的 23%。在此期间，日元汇率一度从 1 美元兑 80 日元跌至 1 美元兑 125 日元。从这时起，日本就不能再妄想通过诱导日元贬值来实现出口导向型经济复苏了。

此外，同处于亚洲的竞争对手韩国在雷曼危机之后，出现了货币大幅贬值的现象。从 2008 年 9 月雷曼危机爆发到 2008 年底，日元对美元升值约 20%，而韩元则下跌超 30%。在雷曼危机造成的经济衰退中，韩国的货币被大量抛售，而日本的货币却在反向升值。

日本是全球最大的净债权国，拥有高额的海外资产。一旦发生经济危机，人们倾向于将外币资产转换为日元资产。日元被视为"安全货币"，因此投资资金也就流向日元避险。东日本大地震后的日元升值也是基于这个原因。

相反，雷曼危机爆发后，韩元的贬值扩大了出口规模，韩国也成了主要经济体中最早通过增加出口来实现经济复苏的国家。三星电子在全球半导体市场的份额从 2008 年的 7% 上升至 2021 年的 14%，与日本半导体市场的衰落形成了鲜明的对比。

阻碍日本企业发展的因素错综复杂，其中日美利差所引发的日元升值和美元贬值无疑占据了重要位置。除此之外，亚洲地区货币的贬值也给日本企业带来了不可忽视的负面影响。

**已经麻木的公众**

"请问您如何评价自己任职期间所实施的货币政策？有人指出日本央行行动缓慢，宽松政策规模过小。"2021 年 12 月，距白川方明卸任日本央行行长已近九个春秋，我有幸对他进行了深入的采访，并坦诚地向他提出了自己的疑问。当时，白川已潜心投身于学术研究，在青山学院大学担任特聘教授。

白川坦率地回答道："如果我们的目的仅仅是避免日本央行受到批评，那我们只需实施大胆的宽松政策即可。但我认为这样的政策效果极其有限。作为业内的人，只要考虑到潜在的危机和副作用，就不可能实施超出可控范围的大规模宽松政策。如今，没有人会把通货紧缩称为'货币现象'，也没有人认为只要物价上涨，就能解决日本经济面临的问题。但遗憾的是，如果中央银行没有扩张资产负债表，社会将很难了解到这一点。"

在白川方明担任日本央行行长的时期，公众普遍认为日本央行在货币政策上持保守态度，不愿轻易放宽。当日本面临雷曼危机的冲击时，利率已降无可降，与美联储的试验性宽松政策相比，日本央行的行动难免显得有些落后。

实际上，自2010年10月日本央行推出"全面量化宽松政策"之后，截至2012年底，白川就召开了31次货币政策决策会议。在这31次会议中，有8次都做出了进一步放宽货币政策的决定。这意味着，每四次会议中就有一次是决定进一步放宽的，这一频率之高前所未有。不仅如此，每次放宽政策决定增购的资产规模也相当可观，介于5万亿~8万亿日元之间，这样的增购规模绝非小数。然而，随着货币政策的反复放宽，公众对此也逐渐麻木了。

当时，我作为货币政策的报道负责人，多次针对进一步的宽松政策进行了特别报道。然而，随着放宽次数不断增加，我的报道内容也逐渐减少。全面量化宽松政策的国债购买量从最初的1.5万亿日元不断累加，到2012年底时已经攀升至44万亿日元。

在白川体制的五年里,日本央行将政策利率从 0.5% 下调至 0%。虽然日本央行的宽松空间已十分有限,但长期利率还是从 1.6% 降至 0.5%。民营银行的贷款利率(平均合同利率)也从 1.6% 降至 0.9%,融资总额从 401 万亿日元增至 426 万亿日元。

前文提到,相较于美国银行贷款规模的急剧收缩,日本的金融环境显得相对宽松。然而,即便在这样的背景下,日元汇率依然从原先的 1 美元兑 100 日元左右攀升至 1 美元兑 80 日元的水平,这成了日本央行的最大障碍。

## 8. 来自永田町的阻碍

### 民间舆论的抬头

日本央行的另一个阻碍是将日本央行视为攻击对象的民间舆论的抬头。日本民主党政权开始将对日元升值的批评转嫁到日本央行身上,由反日本央行的经济学家组成的通货再膨胀派逐渐在永田町引起关注。滨田宏一和岩田规久男等通货再膨胀派势力,也对在 2012 年参与自民党总裁选举的安倍晋三产生了深远影响。

过度放宽货币政策将导致日本经济陷入长期的不稳定。

白川越是坚持不懈地表达此观点，安倍晋三及激进的通货再膨胀派就越反对日本央行。日本央行前审议委员中原伸之是安倍三十年的老朋友，他曾建议安倍修改《日本银行法》，使日本政府拥有日本央行行长的罢免权。1998年，日本央行获得了货币政策的独立性，中原也在同年成为日本央行审议委员。中原认为，鉴于日本央行在货币政策执行上未能取得显著成果，其独立性受到质疑和威胁也是情理之中的事情。

如第二章所述，在2012年12月的众议院选举中，货币政策管理成了主要议题。自民党在竞选中明确承诺，将设定明确的通胀目标（2%的通货膨胀率），并考虑修订《日本银行法》，以加强日本政府与日本央行之间的合作，实施大胆的量化宽松政策。2012年11月17日，安倍晋三在熊本市的演讲中谈道：“将尽可能地让日本央行购买建设国债，并以此方式强制让资金流入市场。”这一发言引发了舆论热议。

11月20日，白川在决策会议后的新闻发布会上，对安倍首相的发言做出了回应。白川习惯在货币政策决策会议结束后，亲自草拟新闻发布会上可能出现的各种问答。日本央行行长发布信息的机会十分有限，因此白川对于每一个字、每一个标点符号都格外珍惜，不想浪费任何表达的空间。我也出席了当天的新闻发布会，记者们的提问比平时更为热烈和积极。

"自民党总裁安倍晋三表示,希望日本央行设定 2%~3% 的通胀目标,并无限量地量化宽松。同时,他还提出希望日本央行尽可能地购买所有的建设国债。对此,您有何看法?"

白川在回答时首先表示:"我不清楚安倍总裁的具体发言内容,因此不便做出深入的评论。"随后,他又从更宏观和广泛的角度阐述了自己的观点。

"当前,消费者物价指数正在向 0% 逼近。日本央行希望尽最大努力实现 1% 的目标。日本央行一直在实施积极的量化宽松政策,通过购买大量长期国债等手段来刺激经济。然而,如果这些举措被误解为财政融资,可能会引发长期利率上升,进而对财政重建和实体经济产生严重的负面影响。"

然而,白川接下来的发言却引起了安倍的强烈不满。"日本央行目前正在进行大规模的国债购买。值得注意的是,无论是发达国家还是发展中国家,都未曾采取过让央行直接购买国债、为财政融资的措施。国际货币基金组织在针对中央银行制度提出指导建议时,更是将此类行为列为严格禁止的首位。这一建议并非没有依据,而是基于国内外历史上的深刻教训得出的结论。一旦中央银行利用其发行货币的权力来购买国债或进行类似操作,货币发行将变得难以控制,最终可能造成一系列不可预见的后果。"

　　白川从更加广泛的角度对安倍的发言进行了反驳。他引用了历史上财政融资带来的种种负面影响,同时进一步指出"连发展中国家都已经明确禁止这种操作,发达国家更应当引以为戒",以此来拒绝安倍提出的由日本央行购买建设国债的建议。白川曾受教于曾任东京大学教授的小宫隆太郎,小宫被誉为"传统观念的破坏者"。白川时刻谨记老师的教诲,即"当出现危机时,即使面对政府,央行行长有时也需要保持强硬的态度"。

　　然而,白川的这段评论却点燃了安倍的斗志。安倍谋求重掌政权时的标签之一就是勇敢无畏。安倍在自己的Facebook上发布了耶鲁大学名誉教授滨田宏一发来的一份传真,强烈反驳了白川的观点。

　　滨田写道:"日本经济已经出现了通货紧缩和日元升值的双重压力。在这种情况下,扩大货币宽松政策规模无疑是一剂良药,能够有效缓解这些不良货币症状。我认为可以将设立通胀目标作为一种政策工具来运用。当前,日本民众对于通货紧缩的预期已经根深蒂固,安倍总裁提出的2%～3%

的通胀目标对于激活日本经济而言显得尤为合适。为了摆脱通货紧缩，我们可以考虑让日本央行直接认购日本国债，但如果压力过大，我们也可以按照安倍总裁的建议，采取在市场上大规模购买日本国债的方式。"

安倍和滨田曾在众议院议员山本幸三成立的议员联盟中进行了一次深入的意见交换。尽管白川在东京大学四年级时得到了小宫隆太郎教授的悉心指导，但其实滨田也是白川在三年级时的导师。滨田发送的传真内容，似乎巧妙地利用了他与白川之间这层特殊的关系。

## 自民党大胜

2012年12月16日，经过长时间对无限宽松的呼吁后，安倍领导的自民党在大选中取得了压倒性的胜利。自民党独揽294个议席，自民党与公明党合计获得了超过2/3的议席数。这一结果远超出了日本央行的预测，令人颇感意外。虽然大多数日本民众并非单纯因货币政策而投下支持安倍的选票，但日本央行的高层们也表示，在那一刻，扩大货币宽松政策规模已经成了民意。

12月26日，第二届安倍政府正式上台。"安倍市场"让自民党时隔三年重返执政地位，而自民党的首要任务就是趁着这个势头再接再厉。政治上日本政府对日本央行的诉求就是实施更大力度的量化宽松政策。因此，副首相兼财务大臣麻生太郎以及负责宏观经济政策的经济再生相甘利明代表日本政府与日本央行展开了协调工作。

众议院选举结束后的12月18日，日本央行行长白川方明拜访了位于东京永田町的自民党总部。他在4楼的总裁办公室会见了安倍晋三，并抓住时机与安倍探讨了货币政策。安倍通过呼吁无限宽松而赢得了众议院选举，但日本央行的一部分高层认为这可能只是安倍的竞选口号，也许安倍在掌权后就会改变对日本央行的态度。在2006～2007年第一届安倍政府期间，日本央行曾将利率从0.25%上调至0.5%。当时，安倍政府也基本上默许了这一操作。

然而，安倍与白川的会谈击碎了日本央行内部的乐观情绪。安倍直接要求道："我希望与日本央行就2%的通胀目标达成政策协议。我希望日本央行考虑选举的结果，并做出合适的决定。"白川以问候安倍为由安排了这次会谈，原定会谈时间为5分钟，然而，安倍单方面主导了谈话，不断向日本央行提出要求，会谈最终持续了15分钟。

日本央行在12月19日至20日的货币政策决策会议上，

决定考虑与政府达成政策协议，并设定 2% 的通胀目标。日本央行接受了安倍政府的政治施压。如果有关日本央行行长罢免权的法律修正案得以实施，日本央行将失去 1998 年获得的货币政策独立性。白川决定牺牲眼前的独立性来保护日本央行永久的独立性。

我作为《日本经济新闻》的金融报道负责人，在第二届安倍政府上台后的第二天，也就是 12 月 28 日对白川进行了专访。白川也精心准备了采访内容。

我的第一个问题就是"日本央行是否将在 1 月的决策会议上决定导入安倍政府要求的通胀目标"。当时，日本央行的通胀目标为 1%。

白川表示将会在下一次会议上仔细探讨应该将目标设定为 1% 还是 2%。此外，白川还称摆脱通货紧缩就是改善当前经济形势，并强调需要从加强经济增长力和提供金融支持两方面入手。

采访内容从通胀目标延伸到了央行的独立性，白川阐述了有关如何实现经济增长的本质论。当我指出有人批评日本央行的宽松政策与美国和欧洲相比规模较小时，白川反驳道："与美国和欧洲相比，日本央行的基础货币（货币供应量）占国内生产总值（GDP）的比例是最大的。雷曼危机爆发前的 2007 年当年，日本的基础货币增长量占 GDP 的 9.6%，而美国和欧洲分别为 10.7% 和 8.8%，几乎保持在同一水平。所以，从数量上来说，日本宽松政策规模小的说法纯属子虚乌有。"

安倍官邸和日本央行就制定政策协议展开了讨论，这也成了白川体制的最后一项重要工作。安倍官邸要求在协议中明确规定日本央行在两年内实现 2% 的通胀目标。

2% 的通胀目标逐渐成了国际上广泛认可的标准之一。在美联储主席伯南克的倡议下，美国于 2012 年正式确立了 2% 的通胀目标。英国更是早在 1992 年就设定了 2% 的通胀目标，欧洲央行也紧随其后，将目标锁定在"接近但略低于 2%"的范围内。在这样的国际趋势下，日本央行也很快在私下认同了这一通胀目标。

然而，白川对"两年内"这一具体期限感到抗拒。如果过于拘泥于这一期限的话，很有可能会催生过度的宽松政策。回顾 20 世纪 80 年代末的泡沫时期，日本的消费者物价指数在三年间每年仅分别上升了 0.6%（1986 年）、0.1%（1987 年）和 0.7%（1988 年）。白川对这一时期进行了深刻的反省，认为这种低通胀率导致了紧缩货币的行动迟缓，进而助长了泡沫的产生。美联储也将物价目标视为一个长期目标。放眼世界，没有哪一家央行会将达成通胀目标设定在两年期限内。

此外，白川对制定政策协议持反对态度。白川认为，一旦签订了政策协议，将有损日本央行货币政策的独立性。政府接受了白川的这一观点，最终政府与日本央行共同发布了联合声明而非政策协议。

日本央行重申了要在中长期实现2%的通胀目标的观点。然而，日本央行却遭到了安倍的严厉拒绝。众议院议员山本幸三、内阁官房参事本田悦朗、日本央行前审议委员中原伸之等通货再膨胀派向安倍晋三提议，将修改《日本银行法》作为威胁向白川施压。安倍就任首相后，不断强调自己仍在考虑修改《日本银行法》，一步步将日本央行逼入绝境。

日本央行已经成为砧板上的鱼，如果安倍政府真的着手修改《日本银行法》，白川则将通过辞职来抗议。有许多白川的老朋友以及政策当局者给白川致电、写信、发邮件。据透露，美联储和欧洲央行等外国央行行长也表示希望日本央行能够坚持到底。日本央行作为发达国家央行的一员，如果因政治压力而失去了独立性，其影响很可能会像多米诺骨牌一样波及海外。白川与同为日本央行出身的副行长山口广秀一起，开始探讨避免政府修订《日本银行法》的方法。他们的底牌就是辞去行长职位。

## 日本央行微弱的抵抗

2013年1月14日，日本政府和日本央行最终敲定了联合声明文件。当天正逢日本的成人日，一场特大暴雪袭击了东京。

白川方明、财务大臣麻生太郎、经济再生相甘利明等人聚集在位于东京赤坂的日本央行分馆冰川寮。冰川寮位于一个小山坡上，汽车必须经过一个长长的陡坡，其中一位与会者的汽车曾在大雪中打滑。

根据联合声明文件，最终通胀目标的实现期限被确定为"尽快"。白川还特意在文件中强调："我们将审视金融体系失衡等风险因素，并从经济可持续增长的角度检查是否存在问题。"只要出现日元过度疲软或房地产价格上涨的情况，即使通胀率未达到2%，日本央行也可以修改宽松政策。白川为日本央行准备了一条"逃跑路线"。

日本央行在1月21日的货币政策决策会议上正式决定与政府发布联合声明。白川、麻生、甘利三人一起拜访了首相官邸，向安倍递交了联合声明文件。

## 第四章 多灾多难的行长：白川方明

起初，日本央行要求在东京内幸町的帝国酒店举行联合声明的发布仪式，因为帝国酒店位于日本央行所在地日本桥本石町和永田町、霞关的正中间。日本央行希望通过这一地理位置来显示政府与日本央行之间的平等关系。这是日本央行对其独立性受到威胁的小小抗议，但安倍政府却对这一要求置若罔闻。安倍在首相官邸接受记者采访时说道："希望日本央行承担起责任，尽快实现物价目标。"最终，安倍政府与日本央行之间的斗争以日本央行几乎全盘接受首相的要求告终。

两周后，白川前往首相官邸，宣布将在2013年3月提前辞职。五年前的人事风波，导致行长和两位副行长的任期错开了三周左右。白川告诉记者，他已向首相申请提前辞职，以便新任行长和副行长能够同时上任。然而，所有记者都知道这不过是表面说辞罢了。

白川煞费苦心地设定了"尽快"实现通胀目标的期限，却被继任者黑田东彦轻而易举地推翻了。后来，日本央行主动宣布了要在两年内实现2%的通胀目标，并推出了大规模的宽松政策。当年引发了巨大争议的联合声明，十年后却只剩下残骸。

第五章

# 通货紧缩的开端：
# 速水、福井

（1998～2008年）

## 1. 新《日本银行法》下的独立纪念日

### 毫无心情庆祝的初次见面

1998年4月1日是日本央行的独立纪念日。当日，新《日本银行法》正式生效，新《日本银行法》的第三条规定"应尊重日本央行在货币政策和金融调控方面的自主权"。日本央行一直受大藏省监管，但从那一刻起，日本央行紧跟世界潮流，获得了作为中央银行的独立性。

新《日本银行法》生效后的初代行长是速水优，在担任行长前，他曾从日本央行退休后进入日商岩井，并担任经济同友会代表干事。速水是一名虔诚的基督教徒，甚至在办公室里都放着《圣经》。速水优担任日本央行行长时已72岁。尽管他已经离开日本央行长达17年，但由于原定升任行长的前副行长福井俊彦因贪污风波引咎辞职，因此日本政府迅速召回了经验丰富的速水优。

1995年，大藏省丑闻[一]以及住专风波[二]引发了公众对新《日本银行法》的讨论。

---

[一] 指大藏省（现财务省）官员接受银行、企业过度接待的丑闻。——译者注
[二] 指围绕日本住宅专业金融公司产生的一系列不良债权问题。——译者注

东京协和信用组合理事长高桥治则（后因渎职被逮捕）告发两名大藏省官员接受色情场所招待。当时，住宅专业金融公司出现巨额不良债权问题，日本政府面临6850亿日元的公共资金投入。自民党、社会党和先驱新党三党联合执政后成立了"大藏省改革项目小组"，以期利用舆论的愤怒解散大藏省。其中一项措施就是赋予受大藏省监管的日本央行独立性。

《日本银行法》诞生于二战时期。《日本银行法》的初衷是为战争筹集资金，根据《日本银行法》规定，大藏省负责监督日本央行，且有权罢免日本央行行长和下达工作指令。

根据一位财务省官员的回忆，以前日本央行的政策变更文件都是由大藏省负责撰写的。行长职位也是公然由日本央行和大藏省的人才轮流担任。自民党、社会党和先驱新党联合政权进行日本央行改革的出发点就是剥夺大藏省的巨大权力，平息公众对大藏省丑闻以及泡沫破裂的愤怒。

日本央行最大的愿望就是获得货币政策的独立性。

日本泡沫经济产生的一个重要因素就是日本在1985年签订《广场协议》后采取的一系列刺激内需的措施。《广场协议》旨在通过日本、美国、欧洲的联手，推动储备货币美元贬值，以拯救陷入双赤字的美国。最终，《广场协议》导致了日元的大幅升值。为了阻止经济下行，日本政府强迫日本央行采取超低利率政策，这也催生了房地产和股票资产泡沫的形成。

1998年生效的新《日本银行法》将日本央行的职责定义为"通过努力实现物价稳定，为国民经济的健康发展做出贡献"，并明确规定"应尊重日本央行在货币政策和金融调控方面的自主权"。在货币政策的制定上，日本央行采取合议制，由行长、两名副行长和6名审议委员共同商讨、决定。虽然允许政府方面的两名政府委员参与决策会议，但他们仅有提交建议和申请延期决议的权利。大藏省对日本央行的监管力度明显减弱，其职责仅限于预算审批工作。日本央行进行了战后最重大的改革，而与这场历史性的改革一同登场的便是速水体制。

"本次会议是新《日本银行法》生效后的首次货币政策决策会议。我们将共同探讨当前的经济形势以及货币政策的管理方针。"

1998年4月9日，新《日本银行法》生效后的首次决策会议在日本央行总部8楼的政策委员会会议室召开。速水行长说完这番话后，仔细观察了同坐在圆桌前的其余8名政策委员的神情。

当年的副行长是出身于日本央行的山口泰以及时事通信社前记者藤原作弥。2023年担任日本央行行长的植田和男也是当时6名审议委员中的一员。由于是新《日本银行法》生效后的首次会议，因此大藏相松永光和经济企划厅（现内阁府）长官尾身幸次也作为政府委员出席了会议。

新日本央行的诞生光彩夺目，然而当天的决策会议却毫无庆祝的气氛，因为当时日本经济正处于战后最艰难的时期。

1997年，中型证券公司三洋证券宣告破产，随后四大证券公司之一的山一证券，以及城市银行北海道拓殖银行也接连宣告破产。经济泡沫破裂后的金融危机深不见底。1998年第一季度日本的实际GDP环比下降4.8%（折合年率），日本经济出现负增长。

在4月9日召开决策会议的三天前，负责管理货币政策的企划团队向各位委员递交了一份题为"当前管理货币政策的注意事项"的文件。其中提到：

（1）如何判断当前的经济形势？

（2）如何评价经济面临的下行压力（①生产、支出、所

## 第五章 通货紧缩的开端：速水、福井

得出现负循环；②亚洲经济调整的影响）及其应对方法（①已进入实施阶段的特殊减税、金融体系稳定措施；②财政面提供经济对策；③促进日元贬值）？

最后还提到：

（5）如何评价将来陷入螺旋式通货紧缩的风险？

第一次决策会议的主要目的是为今后采取进一步宽松措施奠定基础，以更加有效地预防通货紧缩。会议上，与会人员纷纷表达了对通货紧缩的深切担忧。

曾任御茶水女子大学教授的审议委员篠塚英子尖锐地指出："国内汽车的销售额已跌入谷底，连续近12个月的时间里，同比降幅均为两位数。金融体系的不稳定加剧了企业和消费者的情绪恶化，日本经济已经进入收缩阶段。"

后来成为行长的审议委员植田也表达了强烈担忧："在通胀率几乎趋于零的情况下，一旦设备投资周期步入萧条阶段，日本极有可能陷入螺旋式通货紧缩。"

此时日本的政策利率仅有0.5%。不过，据透露，在这场会议上日本央行就已经开始讨论降息的可能性，还提出了量化宽松的想法。

2001年，日本政府正式发布通货紧缩宣言。虽然日本的物价在1998年才开始下跌，但日本央行内部早已开始戒备螺旋式通货紧缩，并讨论了相关对策。尽管在4月9日的会议上，最终的决策是维持当前的货币政策不变，但新日本央行在首次决策会议中，已经开始审慎思考并探讨实施零利率政策以及量化宽松政策的可能性。

## 20世纪90年代前期的一大转折点

1991年经济泡沫破裂后，日本艰难地挺了下来。1995年，日本发生阪神大地震，震出了史上最强日元。即使在这种情况下，1995年日本的实际经济增长率仍维持在2.6%，而1996年则为3.2%。

这是日本央行消耗了量化宽松政策的大半力气后的结果。当时的政策利率是日本央行给民营银行提供贷款的基准利率。1991年泡沫破裂时，日本的基准利率为6.0%。经过一系列的降息措施后，基准利率在1995年被下调至0.5%，创下历史新低。这标志着日本步入了零利率时代。从这时起，量化宽松政策在刺激经济方面的效果开始逐渐减弱，其效力大打折扣。

1990年，日本的土地价格达到巅峰，拉开了地价急剧下

第五章 通货紧缩的开端：速水、福井

跌的序幕。1992 年 7 月，土地价格（全国通用平均价格）同比下降 3.8%。随后，土地价格的下跌势头愈演愈烈，到了 1993 年，土地价格同比下降 4.3%。在城市地区，土地价格的下跌态势更为严峻，东京地区土地价格的下跌幅度在短短三年内竟达到 25%，而大阪地区的下跌幅度更是高达 39%。

然而，在土地价格猛烈下跌的情况下，民营银行并没有立刻缩小房地产贷款规模。1980 年，银行的房地产贷款总额为 75 652 亿日元，占贷款总额的 5.6%。然而，到了 1990 年泡沫经济的巅峰时期，这一数字竟迅速扩大到 42 万亿日元，占贷款总额的 11.3%。随着 1995 年泡沫破裂，这一数字又进一步扩大到了 57 万亿日元，占贷款总额的 11.8%。

房地产贷款规模不断膨胀的背后，隐藏的是银行为掩盖不良债权而采取的"追加贷款"策略。泡沫破裂后，房地产行业已经无法获得理想的利润。然而，只要银行继续提供资金支持，房地产商就可以避免破产。对于银行而言，只要贷款客户没有破产风险，银行就能规避损失。然而，这种做法只不过是以等待地价回升为借口的掩耳盗铃罢了。

日本央行的超低利率政策为银行追加贷款提供了可能性。拥有大量不良资产的房地产公司虽然无法盈利，但能以超低利率获得追加贷款，从而减少利息支出。然而，这种追加贷款却进一步导致了不良债权堆积如山。根据大藏省的数据，1992年日本21家大型银行的不良债权总额约为123 000亿日元，而在泡沫破裂后的15年内产生的不良债权总额就高达110万亿日元。

20世纪90年代，不良债权持续膨胀成了一个严重问题。日本央行对这一问题的搁置也成了日本经济发展史上的一个重要转折点。日本央行对日本经济实力的过度自信，造成了对不良债权问题的搁置。虽然日本经济的战后高速增长已经结束了，但日本成功地应对了后来尼克松冲击以及石油危机带来的全球经济结构性变化。日本央行和民营银行都乐观地认为土地价格终将恢复正常。

可惜越是乐观，不良债权的问题就越是一发不可收拾。1991年，日本国内银行的核心业务利润达到了4万亿日元。尽管如此，最终处理不良债权带来的损失高达98万亿日元，以银行当时的盈利能力，银行根本无法独自承担损失。

然而，日本当时还没有使用公共资金处理不良债权的合法方案。1992年，时任日本首相的宫泽喜一曾宣布"如有必要，愿意提供公共援助"，表明了向银行注入公共资金，帮助银行处理不良债权的想法。1993年，时任日本央行信用机构课课长的白川方明也在三重野康行长的指示下向大藏省提出了向银行注入公共资金并设立接管金融机构的想法。虽然此时破产处理方案已露出苗头，但由于政治上对"投入公共资金"十分敏感，最终公共资金并未被用于支援银行。

此外，货币政策方面的支援措施也不够完善。2008年雷曼危机爆发时，美联储购买了大量风险资产，开始实施"信贷宽松政策"。然而，在20世纪90年代初，没有人想到通过向银行系统注入大量资金来实现量化宽松的"非常规政策"。

如果在20世纪90年代初，日本实施了向银行系统注入公共资金、设立接管破产银行的金融机构，以及提供周转资金的非常规货币政策的话，也许就会得到与"失去的十年"截然不同的结局。

### 严重的金融危机浮出水面

20世纪90年代后期，不良债权问题逐渐浮出水面，演变成了一场严重的金融危机。银行向公众隐瞒了不良债权的存在，暗地里处理不良债权，最终在20世纪90年代后期失去了资本储备。20世纪90年代初，日本国内的主要银行还能通过出售所持股票来获取收益。然而，到了1997年，银行所持股票的未实现收益几乎消失殆尽。此后,银行开始惜贷和抽贷,这些举措导致连稳健型公司都很难获得足够的资金支持。1996年3月,日本国内银行贷款达到536万亿日元的峰值,随后开始下降,到2005年6月已经缩减至375万亿日元。

1998年,日本长期信用银行宣告倒闭,而在此前的1994年3月,该银行尚拥有11 400亿日元的未实现股权收益。然而,短短三年后的1997年3月,日本长期信用银行的未实现收益就急剧缩减至1000亿日元。银行为填补不良债权的巨大窟窿,不得不采取抛售股票的方式来换取收益。然而,这种抛售行为也终于迎来了极限。

根据要求,负责国际业务的银行必须确保资本充足率达到8%。然而,一旦股票的未实现收益减少,大型银行的资本充足率就很难维持在这一水平。因此,银行便试图通过减少贷款来满足8%的要求,这样就可以降低资本充足率的分母。日本长期信用银行计划在1998年3月前的一年内,把对国内稳健型企业的贷款规模缩减至约原本的10%,从115 000日元减少至15 000亿日元,这就是所谓的抽贷。不过后来发现,日本长期信用银行将该计划节省下来的资金用于向相关非银行机构提供追加贷款了。

## 第五章　通货紧缩的开端：速水、福井

20世纪90年代前期，日本银行靠股票的未实现收益和日本央行的低利率政策挺过了不良债权问题。耗尽两个渠道的余力后，日本金融体系就进入了银行惜贷和抽贷的巨大收缩期。在这种情况下，无论日本央行提供多少低息资金，都无法惠及实体经济。更何况，政策利率早已经降至0.5%，货币政策几乎没有进一步放宽的空间。20世纪90年代后期，日本央行的货币政策在利率渠道和信贷渠道上都失灵了。

金融体系的收缩使日本经济丧失了长期增长的动力。日本企业由于缺乏足够的发展资金，大幅减少了设备投资。1998年，设备投资同比下降了1.3%，1999年再次下降了4.8%。制造业作为日本国际竞争力的核心支柱，其设备投资也从1991年的22万亿日元急剧缩减至2002年的10万亿日元。此外，后文还会提到，1998年也是日本物价持续下跌的通货紧缩的起点。

2000年前后，世界经济开始走向全球化。然而，日本企业由于缺乏足够的发展资金，逐渐落后于快速增长的亚洲新兴企业。日本金融体系的收缩也是导致日本国际竞争力长期下降的原因之一。

美国也在雷曼危机爆发时经历了金融危机。虽然美国的

企业贷款从2008年11月开始下降，出现了信贷紧缩的情况，但美国的企业贷款在两年后的2010年10月便开始触底反弹。在这两年时间中，美国银行系统基本消除了金融危机所带来的负面影响，并迅速实现了经济复苏。美国深入研究了日本泡沫经济后的不良债权问题以及金融体系的应对措施，并迅速采取了行动，如注入公共资金。不过，美国也为此付出了代价，美国失业率曾一度升至10%。美国经济拥有允许暂时性衰退并从衰退中恢复的韧性。相反，日本往往注重短期稳定，而缺乏长期恢复能力。日本要跨过不良债权问题的高山，需要等待2003年"理索纳冲击"的来临。最终，日本花费了十年以上的时间来处理泡沫经济留下的影响。

## 2. 日本长期信用银行冲击

"连十九大主要银行都存在违约风险，这些以前想都不敢想的问题现在却逐渐成为现实。经济和物价的下滑风险越来越大。"

在1998年9月召开的货币政策决策会议上，日本央行行长速水优表达了对当前严峻形势的看法。在这次会议上，日本央行首次在新《日本银行法》生效后决定降息，将政策利率（更改为无担保隔夜拆借利率）下调至 0.25%，创历史新低。

1998 年 6 月，日本长期信用银行（现为 SBI 新生银行）出现财务危机。1997 年，山一证券和北海道拓殖银行相继倒闭。日本长期信用银行的总资产达 26 万亿日元，是北海道拓殖银行的三倍，如果不采取任何措施就直接宣告破产，可能一举击溃日本的金融体系。

速水行长在 9 月的决策会议上为所有人敲响了警钟："历史上从未出现过资产规模超 20 万亿日元的大型银行倒闭的情况。一旦这样的银行倒闭，产生的连锁反应将是无法估量的。毫无疑问，它的影响将会如同多米诺骨牌一样传播开来。"

然而，这种程度的量化宽松并不足以阻止日本的银行危机。如前文所述，大型银行已从追加贷款转向保本惜贷，日本国内的金融体系正处于严重收缩之中。

10 月 12 日，日本制定了《金融再生法》，允许政府对银行进行公共控制。日本政府立即宣告长期信用银行破产，并对其实行了暂时国有化。12 月 13 日，日本债券信用银行（现青空银行）也走投无路，宣告破产并被收归国有。

审议委员篠塚英子在 12 月 15 日召开的决策会议上提出了自己的担忧:"其他金融机构看到日本政府的这种处理方式,可能会变本加厉地追回资金,从而导致企业融资更加困难。"审议委员三木利夫表示:"部分公司担心重组计划会再次推迟不良债权的处理,也有部分企业的重组计划还没有着落。我们还不能放松警惕。"审议委员中原伸之表示:"下一年度,通货紧缩将越发严重。我们现在面临着结构性改革的难题。企业重组势在必行,我们也要做好硬着陆的准备。下一年度将是企业重组的关键时期。"各位审议委员目睹了一场严重的信贷收缩。

日本央行政策委员会的担忧是正确的。1998 年,日本的实际经济增长率为 -1.3%,日本经济正在经历战后最大的衰退期。

## 3. 通货紧缩来袭

1998 年夏季,"价格革命"爆发,社会仍对日本的经济增长抱有一丝希望。

麦当劳将工作日的汉堡价格降至 65 日元,在餐饮市场上掀起了巨大的波澜。1995 年,麦当劳汉堡价格还是 210 日元,这意味着在短短三年内汉堡价格就下降了70%。同样在1998年,优衣库原宿店开业,推出了1900日元的羊毛衫。这一年,餐饮业和流通业掀起了"价格革命",日本街头出现了消费者大排长龙的盛况。

然而,从长期来看,价格革命并不算是刺激消费的"良性降价"。速水接任日本央行行长后不久,便面临着严峻的经济形势。1998年7月,消费者物价指数出现负增长,同比下跌0.1%。1999年11月,这一指数更是下跌1.2%,日本正式迈入通货紧缩。

价格革命之所以没能成为良性降价,主要是由于在物价下降的同时工资也在下降。1998财年,日本人均劳动报酬同比下降1.3%,这是该指标自1956年统计以来的第一次下降。随后,人均劳动报酬连续6年下降。1998年,日本经济进入物价和工资双下降的长期通货紧缩中。

1998年,一篇论文对日本货币政策理论产生了深远的影响。正如我在第二章介绍的一样,2008年诺贝尔经济学奖获奖者保罗·克鲁格曼(时任普林斯顿大学教授)在1998年发表了一篇题为"它回来了:日本的衰退与流动性陷阱的回归"(It's Baaack: Japan's Slump and the Return of the Liquidity

Trap）的论文。日本作为战后第一个正式进入通货紧缩的主要经济体，引起了美国主流宏观经济学家的极大好奇。

克鲁格曼在论文中指出："现代宏观经济学家没有考虑过流动性陷阱，即使考虑过，也基本上认为流动性陷阱不会发生。但世界第二大经济体（当时的日本）却出现了这种情况。日本经济自1991年以来一直处于低迷状态，目前正在陷入更加严重的衰退中。"

流动性陷阱是指当政策利率接近零时，货币政策不再有效的情况。

中央银行的传统型货币政策是设定一个目标利率并将政策利率控制在这一水平。当时，日本央行的政策利率是银行同业拆借利率，即"无担保隔夜拆借利率"。1998年底，政策利率的目标为0.25%。

银行同业拆借利率并不是在日本央行宣布了政策利率目标后就自动维持在目标水平的。为了引导交易利率达到政策利率目标水平，日本央行需要向民营银行购买债券，向市场供应资金，并进行微调。这一政策工具被称为"公开市场操作"。

民营银行通过发行有息债券来获取无息现金，因此它们必须有效利用从中央银行获取的现金进行投资，以确保回报。随着利率下降，银行发行债券获取现金的操作变得更为容易，这也意味着民营银行手头上可用于贷款和投资的资金量增加。由此，企业能够以较低的利率借入资金，进而增加经济体系中资金的流动性。这就是货币政策刺激实体经济的方式。

然而，当政策利率降至零时，这种良性循环就会戛然而止。民营银行发行零利率债券来获取零利率现金。这样一来，民营银行即使不将从中央银行获得的现金用于投资，也不会有任何损失。最终，贷款和投资无法得到有效刺激，量化宽松政策也随之失效。贷款和投资都存在一定的损失风险，如果银行以现金形式持有资金，至少不会亏损。如此一来，资金就被滞留在银行中，无法流向实体经济，这一现象就被称为"流动性陷阱"。

1991年，日本央行将政策利率从6.0%降至0.25%，竭尽全力复苏经济，但日本经济还是在1998年进入了通货紧缩。克鲁格曼指出，正是由于利率过低，日本经济才陷入了宽松政策失效的困境之中。

克鲁格曼的论文还提出了一个解决方案。他建议日本央行"做出不负责任的承诺,让公众信服"。这又与摆脱通货紧缩有何联系呢?

首先,请大家回顾一下本书第二章和第三章阐述的关于零通胀的传统观念。这其实是一种典型的"合成谬误"⊖,即由于家庭和公司始终认为价格不会一直上涨,因此也就不会出现实际的物价上涨和工资上涨。克鲁格曼认为,这种零通胀的传统观念主要源于公众对中央银行的信任。公众普遍认为,一旦通胀真的发生,日本央行必定会收紧货币政策,并控制物价上涨。因此,克鲁格曼建议日本央行"公开承诺将持续采取一切必要政策,甚至不惜采取看似莽撞的措施,以实现通货膨胀目标"。这就是"不负责任的承诺",其实质在于通过强烈的政策信号,让企业家和消费者深信通货膨胀是一定会发生的。这实际上是一种巧妙的策略,通过引导公众改变定价行为,来达成通货膨胀的自我实现。

尽管当前日本正处于零利率和零通胀状态,但只要公众预期明年的通胀率将上升至2%,那么人们就会趁着实际利率为-2%的时机积极借款进行投资。克鲁格曼认为,抬高通胀预期并降低实际利率,就能刺激投资,进而摆脱"流动

---

⊖ 经济学家萨缪尔森所提出的论断,指每一个局部看上去都是合理、正确、有效率的,加在一起却可能是一个谬误。——译者注

性陷阱"。

主流宏观经济学者提出了理性预期理论。克鲁格曼也在同一篇论文中半开玩笑地建议道:"可以尝试设定一个连续15年保持4%的通胀率的目标。"他的想法是,一旦主张了如此激进的政策方针,所有人都会相信通货膨胀的到来。克鲁格曼发表这篇论文的15年后,黑田东彦在超宽松政策中实践了这一理论。

然而,克鲁格曼的论点存在几个缺陷。首先,即使日本央行宣布采取毫无限制的宽松政策,日本央行是否能够确保所有人都相信通货膨胀的到来呢?实际上,很多央行都将设定2%的通胀目标作为提高通胀预期的工具。日本央行也在2013年设定了通胀目标。理论上,这本该让所有人都相信未来的通货膨胀率将达到2%,然而,根据2022年12月的调查,仅有25%的日本居民了解这一目标。主流经济学家所提倡的理性预期理论,是建立在"个人全面掌握所有信息,并理性地预期未来"的基础之上的。如果日本央行无法将"不负责任的承诺"传达给每一位民众,那么社会也就无法形成理性预期。

事实上,超宽松政策对克鲁格曼理论的实践未能达到预期效果,因此克鲁格曼也在2015年修正了自己的观点,他在《纽约时报》上发表了题为"对日本问题的重新思考"（Rethinking Japan）的专栏。他写道："量化宽松政策面临的问题比想象的更加艰巨，因为需求疲软本质上是一个永久性条件。"这与他1998年的主张大相径庭。

尽管如此，还是有许多经济学家赞同克鲁格曼在1998年提出的观点，包括岩田规久男在内的通货再膨胀派就是其中的代表人物。克鲁格曼后来也成为通货再膨胀派的理论支柱，在黑田2023年卸任行长之前的25年间深刻影响着日本央行的货币政策。

黑田东彦也是克鲁格曼理论的支持者之一。他在2005年出版的著作中曾称赞克鲁格曼的论文十分优秀，利用简单的理论框架推导出了重要的政策内涵。随后，克鲁格曼建议黑田导入量化宽松政策。主要经济体陷入长期通货紧缩的情况极为罕见。

白川方明后来回忆道，"切身感受到了美国的软实力"。美国通过好莱坞电影等软实力来宣传美国文化，为美国商品和服务的出口奠定了基础。经济理论这一软实力也是美国维护经济地位的重要基础，日本一直深受美国经济政策的影响。因此，白川的这番感慨也是在讽刺这段历史。

## 4. 主要经济体中的首个零利率政策

### 零利率的矛盾

让我们把话题回到速水优身上。1999年，日本金融危机进一步恶化，通货紧缩不断加剧。除此之外，1998年12月下旬，长期利率跃升至2%的水平，金融市场动荡不安。大藏省突然中止了资金运用部对国债的购买，因此导致了利率飙升。如今，这一事件被称为"运用部冲击"。

1998年11月，美国评级机构穆迪将日本国债的评级从最高位拉下来。日本政府采取的一系列经济对策使得日本国债发行量不可避免地大幅增加，金融市场开始担忧政府能否有效消化这些国债。这一担忧情绪也导致了日元升值和股价下跌。

审议委员中原伸之指出："这是债券市场的叛乱。我们正陷入恐慌中，不能忽视长期利率飙升的危险。"1999年1月19日的货币政策决策会议上，日本央行的政策委员纷纷表达了自己的担忧。出身于日本制铁的审议委员三木利夫表示："货币政策的当务之急就是应对螺旋式通货紧缩和长期利率的飙升。"他已经意识到日本央行不得不采取进一步的宽松政策了。

如何控制不稳定的日本市场？美国克林顿政府在幕后采取了行动。

1998年，克林顿总统访问中国长达9天，会晤了中国国家主席。然而，克林顿却绕过了盟友日本，引发了"忽视日本"问题。当时，日本和美国正处于半导体和汽车领域的贸易战之中，对日施压也是克林顿维持政权的主要策略。

然而，美国的施压导致的日本经济衰退程度超出预期。日本长期利率的急剧上升，可能反过来通过两条路线给美国经济造成打击。

一是全球金融危机的深化。1997年，泰国率先爆发亚洲金融危机，紧接着1998年的俄罗斯卢布危机、1999年的南美金融危机相继爆发。克林顿政府极力强调经济政策的重要性，因此他将竭尽全力阻止金融危机向已经深陷经济危机的发达国家蔓延。

二是美国国债的下跌。因"运用部冲击"而急剧下跌的日本国债，直接导致了日本生命保险公司财务状况恶化。如果日本的各家生命保险公司大量抛售美国国债来保障收益，将引发连锁反应，从而导致美国的财政管理出现缺口。克林顿政府的当务之急就是解决里根政府遗留下来的贸易和财政双赤字的问题。现在，日本经济的不稳定正在阻碍美国解决这一问题。

1999年2月，出身于高盛集团的美国财政部部长罗伯特·鲁宾在瑞士向自民党加藤纮一施压。罗伯特·鲁宾表示，"为了阻止债券市场崩溃，日本应考虑让日本央行直接购买国债"，这是一项阻止长期利率上升的强硬措施。美国的施压立即传达给了自民党中央。

2月8日，内阁官房长官野中广务在新闻发布会上坚称："尽管受日本银行法和财政法的限制，但作为中央银行，日本央行有责任采取购买国债等各种措施，来改善当前严峻的经济形势。"他甚至提到了具体措施，"当务之急就是购买市场上已发行的国债"，并表示"期待日本央行内部在本周内对该项措施进行讨论"。

2月12日，日本央行召开货币政策决策会议。野中是小渊惠三政府中最具影响力的政治家，因此他的发言分量极重。

然而，站在日本央行的角度上，购买长期国债已成为一个禁选项。一旦日本央行主动购买长期国债，就意味着日本央行向政治压力屈服。在日本央行眼中，执政党对日本央行购买长期国债的要求，无疑是一种政治压力，将严重动摇日本央行在 1998 年新《日本银行法》中获得的"中央银行的独立性"。速水必须不惜一切代价地保住日本央行的独立性。

如果在政治上对日本央行施加量化宽松的压力，日本央行反而无法做出回应。日本政府与日本央行在中央银行独立性问题上的纠葛至今仍难以消除。尽管如此，小渊政府还是派时任经济企划厅长官的堺屋太一出席了 2 月 12 日的决策会议，并向日本央行施加量化宽松的压力，堺屋表示："希望日本央行妥善管理政策，努力确保充足的流动性。"

会上，时任审议委员的植田和男表示，"我认为通常只有在应对高利率或强势日元的时候才会采用货币政策"，并提出了以下三种选择：①维持现状；②通过某种形式干预长期国债市场；③利用传统货币政策工具来推动宽松。

其他的审议委员都相继否定了直接干预国债市场的选择，认为这无异于向政治压力低头。审议委员武富讽刺道："日本央行渴望成为白马骑士啊。"日本央行正如身骑白马的骑士，一口吞下大量发行的国债。速水行长也强烈反对了利用货币政策弥补财政赤字的想法，认为这将打破财政审慎原则，并引发恶性通货膨胀。

然而，日本央行也不能坐视不管。如果利率飙升抵消

## 第五章 通货紧缩的开端：速水、福井

了金融稳定措施和经济刺激措施的效果，经济复苏将遥不可及。速水行长的得力助手、出身于日本央行的副行长山口泰提出了这样的建议："只要我们在利率方面仍有可行之计，那么就应该全力以赴。"这与日本央行企划部门的预期相符。为了抵御政界不断施加的国债购买压力，执行委员会事先已决定采取前所未有的"零利率政策"。

当时的政策利率为0.25%，降息空间十分有限。尽管降息在刺激经济方面收效甚微，但政策委员还是一致决定"全力以赴"。最后，根据速水行长的提议，会议决定采取前所未有的"零利率政策"。

速水行长在会上表示，"通过降低短期利率和提供充足的资金，在潜移默化中对长期利率产生间接影响"，并表示希望债券市场能够稳定下来。不过，速水还提道："说实话，我对零利率政策的效果没有信心。"山口泰副行长也表示："很遗憾，我们并不是因为零利率政策能取得明显效果才实施的，我们只能摸着石头过河。"

会议持续了8小时之久，最终决定将政策利率目标定为0.15%，并采取逐步下降的策略。速水行长在会后的新闻发布会上表示"即使降为零也没关系"，首次公开宣布了"零

利率政策"。3月初,实际利率达到了0%。这是全球主要央行中实施的首个零利率政策,也是日本央行拒绝购买国债的妥协方案。然而,这一政策的成效如何,大家都对此缺乏信心。

**取消零利率政策,祸根残留**

公众认为日本央行在美国和日本政府的压力下被迫采取了并不理想的零利率政策,还有少数人认为日本央行在1998年刚刚获得的独立性已经开始褪色。所有人都对零利率政策的效果不抱期待。

2000年8月11日,日本央行取消了1999年2月开始实施的零利率政策。2000年,日本矿业生产指数增长了5.7%,创下11年来的最高增幅。货币缺口作为判断通货紧缩结束的指标之一,在1998年急剧下降后也开始呈现增长趋势。经济指标的改善促使日本央行做出了取消零利率政策的决定。

然而,经济指标的改善只是当时美国经济过热下互联网泡沫的产物。2000年8月,日本央行行长速水优在国会上声称,"有望消除通货紧缩的担忧",并预告了将取消零利率政策。虽然只加息0.25%,但这一决定却埋下了祸根。

"1990年以后的十年来,存款利率一直处于下降趋势,

## 第五章 通货紧缩的开端:速水、福井

但今天我们将首次提高存款利率。这一决定是有特殊意义的。"8月11日的决策会议上,事务部门还在说明金融和经济形势时,速水行长就提前谈到了"加息"。速水认为加息将有益于家庭经济。当时,人们还认为可以靠利息和养老金生活。

审议委员田谷祯三指出:"在其他场合上表达了本应在决策会议上表达的意见,这造成了不必要的混乱。"审议委员三木利夫表示:"各大报纸的报道内容仿佛今天的会议已经决定了要取消零利率政策一样,真是令人不愉快。"虽然各位审议委员在会上表达了自己的不满,但取消零利率政策的方向并未发生改变。"需求疲软导致的物价疲软问题已经基本得到解决。如果物价仍然保持下跌趋势,那主要是技术进步和流通结构变化造成的。"山口泰副行长将讨论引入了正题。

会上也有人提出,现在取消零利率政策还为时尚早。审议委员植田和男表示:"货币缺口依旧很大。我们不能否认最合适的利率水平略微为负或勉强为正的可能性。最好等到通胀率明显恢复正值后再取消零利率政策。"当时谁也没有料到,植田反对取消零利率政策的观点,会成为他在23年后被提名为央行行长的原因之一。审议委员中原伸之表示:

"经济很有可能在今年第四季度开始衰退。我们应该尽早实施量化宽松，推动进一步的量化宽松。"中原从这时起就已经开始提倡量化宽松政策。

最后，速水行长总结道："虽然经济增长率明显提升的可能性并不大，但至少我们可以判断日本经济有望消除通货紧缩的担忧。我认为现在正是取消零利率政策，并将无担保隔夜拆借利率控制在约 0.25% 的合适时机。"

然而，取消零利率政策的决定并非一帆风顺。以时任大藏相的宫泽喜一为代表的政府和执政党强烈反对日本央行取消零利率政策，并表示"在通货紧缩担忧仍然存在的情况下，取消零利率政策还为时尚早"。宫泽在日本央行召开会议之前致电老熟人、副行长藤原作弥，并用略带抱怨的语气微微施压道："即使我们申请延期决议，你们也不会同意吧。不知道政府会不会沦为笑柄呢？"

政府拥有向日本央行政策委员会申请将决议延期到下一次决策会议的权利。新《日本银行法》赋予了日本央行决定政策的自主权，同时也赋予了政府及时在日本央行做出自以为是的决定时踩下刹车的权利。

在 8 月 11 日会议的尾声阶段，当速水行长敲定取消零

## 第五章 通货紧缩的开端：速水、福井

利率政策的主席提案时，政府打出了最后一张王牌。大藏省综合政务次官村田吉隆表示："经济形势能否消除通货紧缩担忧，能否实现以民间需求为中心的全面复苏，仍有待观察。"紧接着，经济企划厅协调局局长河出英治也表示："将政策的重心从经济上转移，这将给日本民众的心理等方面产生不可估量的影响。"

速水反问道："这是政府提供的参考意见还是正式的延期决议申请呢？"村田则回答，"基于当前经济和市场动向，我们认为现在取消零利率政策还为时尚早"，正式申请延期决议。1998年的新《日本银行法》才刚刚生效，政府与日本央行之间就出现了分歧。

针对政府的申请，审议委员三木表示："从始至终，我们都是为了促进经济回暖。我们的目标是一致的。"审议委员武富将则称："现在的情况下（行使申请权）是否合适？"审议委员中原表示："最好能有一个冷静期，以免公众对我们产生不信任或对立心态。"如果政府行使申请延期决议的权利，日本央行需要立即决定是否同意。在重视与政府间的协调和贯彻日本央行的独立性之间，审议委员们出现了分歧。最终，速水行长总结道："根据《日本银行法》第3条，日本央行有决定采取哪种政策的自主权。"山口泰副行长也

表示:"如果双方在评估形势时出现差异,且差异无法弥补,应该基于日本央行的判断来决定政策。"最终,速水行长表示再讨论下去也只是浪费时间,无法得出结论,于是进行了投票。除中原外的8位审议委员投了反对票,政府的延期申请遭到否决。最终,零利率政策的取消也以7票赞成和2票反对(中原和植田)的投票结果正式通过。

在独立性这一金科玉律下,日本央行取消了零利率政策。从历史的角度看,这一决定来得太不合时宜了。同年秋季,美国市场的纳斯达克综合指数大幅下跌,互联网泡沫正式破裂。

在10月底的决策会议上,日本央行内部也曾对美国经济状况表示不安,速水行长表示:"我担心美国经济将出现异常。我们要小心全球货币危机的迹象。"此时距离日本央行取消零利率政策才不过两个月。

11月17日的会议上,植田加强了对美国经济的警戒,并表示"美国高科技领域的调整可能会阻碍日本的设备投资"。进入12月后,日本的出口开始出现放缓迹象,日本经济也受到了互联网泡沫破裂的影响。武富表示:"很遗憾,经济已经进入了停滞状态。"中原称:"日本央行描绘的愿景

## 第五章　通货紧缩的开端：速水、福井

可能面临崩溃。"12月15日，日本央行在决策会议上降低了对经济形势的预期，此后日本经济也加剧衰退。

2001年2月，日本央行将政策利率目标从0.25%下调至0.15%。在2月的会议上，速水行长在上午以"今天仍可以维持现状"结束了讨论，却在下午提议并决定（将政策利率）从0.25%下调至0.1%。速水起初不愿降息，是因为他不希望零利率政策的取消被视为失败，但审议委员和执行委员会成员在午休期间说服了他。

最终，2000年8月取消零利率政策的决定给日本央行留下了长期的创伤。这一决定遭到了批评，公众认为日本央行鲁莽的加息导致了日本后来的长期通货紧缩。这一批评其实并不恰当，日本央行的加息幅度仅为0.25%，而给日本长期利率带来下行压力的主要是美国的降息。日本的加息力度并不足以导致日本经济崩溃。

当然，日本央行也免不了责。日本央行不顾政府反对，强行取消了零利率政策，给日本央行贴上了"不愿放宽货币政策的央行"的标签。这一标签一直是日本执政党、在野党和外国经济学家批评日本央行的根源，直到黑田东彦推出QQE政策后才有所缓解。日本央行虽然获得了独立性，但其

地位开始摇摇欲坠，面对政府时也常处于防御状态。从此，日本央行的货币政策失去了机动性和灵活性。

## 5. 量化宽松政策的开端

2001 年 3 月 19 日，货币政策决策会议在全球股市下行的背景下召开。日本央行取消零利率政策的失败有目共睹。审议委员普遍认为日本央行应采取果断的宽松措施，以抵御外界批评。当日，日本央行推出了全球史无前例的量化宽松政策。

"我们别无选择，只能踏入未知领域"，记者出身的藤原作弥副行长为当日的会议拉开了序幕。他提议采取新政策，将货币政策的操作目标从现在的"利率"（无担保隔夜拆借利率）转移到银行在日本央行的准备金余额和基础货币的"量"上。

审议委员植田和男对此持反对意见。他主张恢复零利率政策，并表示"比起量来说，零利率的承诺可信度更高"。审议委员篠塚英子也提出了将无担保隔夜拆借利率调整至 0.15% 以下的建议。

出人意料的是，执行委员会中的山口泰副行长竟是最为反对量化宽松政策的人。他指出,"最直接的解决方法是将利率降至零"。他对量化宽松政策的目标提出了质疑,认为这可能"造成一种错觉,让公众误以为今后仍有较大的宽松空间"。

速水行长在听取了所有委员的意见后,提出了主席提案:"我们已经身不由己,只能狠下心来踏入量化宽松政策的领域。"速水明确提出了将货币政策操作目标锁定在准备金余额和长期国债上,增加准备金余额至5万亿日元,并加大长期国债的购买力度。针对宽松政策持续时间的"时间轴效应",速水也表达了自己的看法。他认为,过去在零利率时期使用的"消除通货紧缩担忧"的表述较为笼统,不足以作为政策效果的明确衡量标准。因此,他提出应以消费者物价指数的同比增长率达到0%以上为判断标准。最后,他总结道:"量化宽松政策比零利率更加有效。"

主席提案似乎是在回击审议委员对量化宽松政策的反对,这让对量化宽松持怀疑态度的审议委员开始有所动摇。植田表示,"我们不能忽视'量'本身对市场可能产生的影响,以及带来的错觉",并补充道:"市场仍有空子可钻。"植田并没有完全否定通过影响市场预期来影响物价上涨率的效果。

如果量化宽松政策不能对实体经济产生切实的影响，日本央行可能需要无限制地提高准备金余额。山口副行长提醒道："越是试图利用市场的错觉，风险就越大。"

进入表决阶段时，最初对量化宽松政策持否定态度的山口、植田和武富也转为支持方，植田表示："利用'量'的错觉未必就一定没有效果。"然而，篠塚表示仍然无法理解，继续保留反对意见。最终，量化宽松政策以8票赞成、1票反对的投票结果通过。

量化宽松政策内容主要包括以下六个方面：

（1）将货币政策操作目标从无担保隔夜拆借利率转变为日本央行准备金余额；

（2）将准备金余额从4万亿日元增加至5万亿日元；

（3）为保证流动性的平稳供应，必要时增购长期国债；

（4）将无担保隔夜拆借利率目标由0.15%降至0%左右；

（5）货币政策操作将持续到消费者物价指数同比增长率稳定在0%以上；

（6）为取得成效，必须解决银行的不良债权问题，并在金融、经济和产业领域进行结构性改革。

量化宽松政策的实施出乎市场意料，日本央行的政策转变让投资者措手不及。政策推出后的第一个交易日（3月21日），日经平均指数大幅反弹了910点。

日本央行的准备金，是指民营银行在日本央行内存放的用于进行资金清算、满足存款提取需求的资金。按照当时的规定，日本央行准备金的金额为4万亿日元。然而，量化宽松政策要求银行额外存入1万亿日元。由于活期账户并不产生利息，量化宽松政策相当于为经济注入更多流动性资金，鼓励银行增加贷款和投资，以获得更高的收益。

当然，也有人在决策会议上泼起了冷水。

植田："如果预期通胀率上升，利率上升，经济好转，那是好事。如果没有，那将是地狱。"

武富："是的，我们可能会坠入地狱，而且比十八层地狱更恐怖。"

植田："但愿公众能中途发现这么做并没有意义。"

正如植田所担心的一样，后来日本央行不断增加量化宽松政策的力度，逐步提高准备金余额目标（最初为5万亿日元）和长期国债的购买额（最初为每月4000亿日元）。2003年速水卸任行长时，准备金余额目标和长期国债的购买额分别为 17 万亿～22 万亿日元和 12 000 亿日元。量化宽松政策也一直持续到了 2006 年 3 月。

以准备金余额为政策目标的量化宽松政策源自何处？其实，最早提出量化宽松政策建议的是审议委员中原伸之。他在 1999 年 2 月的决策会议上提出了以下建议。

"将中期目标设定为 CPI 同比增长率达到约 1%。目前，先将超额准备金设定在 5000 亿日元左右，并逐步增加，促进基础货币的同比增长率在今年第四季度上升到 10% 左右，最终实现量化宽松（扩大基础货币规模）。"

中原是货币主义经济学家米尔顿·弗里德曼的支持者，长期以来一直认为日本通货紧缩的根源在于货币供应量下降。1994 年，曾任日本央行顾问的美国经济学家约翰·泰勒也提议采取量化宽松政策。泰勒提出了著名的"泰勒规则"，是一位货币政策理论家。2001 年，泰勒成为美国财政部副部长，并帮助美国前财政部部长劳伦斯·萨默斯和日本央行引入量化宽松政策。我认为这些都是量化宽松政策的源头。

然而，一位日本央行高层曾表示早在 1995 年，后来担任副行长的雨宫正佳就已经制定了量化宽松政策的草案。

1995 年，日本央行将基准利率降至 0.5% 的历史最低点，日本央行货币政策的宽松空间开始告急。在日本央行企划团队负责人山口泰（后任副行长）的指导下，雨宫制定了下一步行动，提出了以准备金余额为政策目标的量化宽松政策。这一想法在世界范围内都是绝无仅有的。日本央行高层表示，日本央行无法控制包括现金在内的基础货币，但可以控制准备金，所以日本央行打算先从准备金入手。在2001年推出量化宽松政策之前，日本已经进行了长达六年的准备。

## 6. 日元套利交易的现身

### 福井王子的登场

"渡边太太"一词源于1997年3月英国《经济学人》杂志的一篇文章。这篇文章虚构了一位名叫渡边的日本家庭主妇，描绘了她管理家庭财务，并投资"武士债券"（在日本债券市场上发行的外国债券）的故事。

当时，日本的政策利率为史上最低的0.5%。《经济学人》杂志的文章让公众注意到，市场上出现越来越多的借入低利率的日元，投资于收益率较高的美元资产的日元套利交易。除美元外，日元还被兑换为澳元和新西兰元等高息货币，套利交易对外汇市场产生了极大影响。

2001年日本推出量化宽松政策后,"渡边太太"正式席卷全球市场。2003年3月,日元被大量用于投机,而此时福井俊彦接替速水优成了日本央行行长。

1957年,福井从东京大学法学部毕业后进入日本央行工作,在日本央行负责设计新《日本银行法》的详细内容。因此,他深知中央银行独立性的重要性。对于中央银行的独立性来说,除了得到法律条文上的保证外,最重要的是得到公众的信任。

"我希望在形式上体现出日本央行的进化。"2003年3月25日,上任仅五天的福井召开了新《日本银行法》生效后的首次紧急货币政策决策会议,突然宣布实施进一步宽松政策。

速水时期,日本政府与日本央行之间关系紧张,主要原因在于2000年8月零利率政策的取消以及取消后的经济衰退。虽然日本央行在2001年3月引入了量化宽松政策,但政策实施两年后日本仍未走出通货紧缩的困境。速水对宽松政策的谨慎态度也导致政府对"按兵不动的日本央行"越来越不满。

紧急会议表面上是为了避免伊拉克战争引发的市场动荡,而会议的真实目的其实是向公众展示政策管理上的转

## 第五章 通货紧缩的开端：速水、福井

变，并推动与小泉纯一郎政府合作以摆脱通货紧缩。据说，紧急会议上发生了以下对话。

福井行长表示："刺激经济的成效并不明显。"

武藤敏郎副行长表示："当前仍没有摆脱通货紧缩的迹象，我们必须充分考虑到这一形势。"

岩田一政副行长表示："继续以往的措施，我们仍无法摆脱（通货紧缩）。"

会议的重点是总结速水时代的量化宽松政策。福井行长判断该政策"成效不佳"，两位新任副行长也同意福井的观点。三个人共同导演了一场"雷厉风行的日本央行"。福井行长迅速出击，决定增加资金供应，并指示执行委员会准备一份加强量化宽松的问题摘要。紧急会议后，福井又召开了政策委员例会，决定提高银行持有股票的限额，以应对股价下跌。福井体制的另外两个主心骨是擅长与政界协调沟通的前财务次官武藤和内阁出身的政府经济学家岩田。

"我向福井先生的决断力和行动力表示敬意。"作为政府代表出席紧急会议的财务副大臣谷口隆义对福井致以敬意。如何重新设计量化宽松政策呢？福井行长将这一问题的关键

归于"资金供应的堵塞"。无论日本央行提供多少资金,陷入不良债权困境的金融机构都无法发放贷款,资金很难流向企业。日本央行内"仅凭货币政策很难摆脱通货紧缩"的声音也越来越强烈。

福井迅速采取了行动。大约两周后,在4月7日至8日的决策会议上,他提出了进一步的措施,称"我们需要集思广益,实现政策工具的多样化"。福井的建议是由日本央行直接购买资产支持证券(ABS),即由应收账款等债权支持的证券,以弥补中小企业的资金缺口。该措施十分特殊,是日本央行首次通过货币政策购买民间资产。

4月30日和5月的决策会议上,日本央行再一次提高了量化宽松政策中的准备金余额目标,给公众留下了"雷厉风行的日本央行"的印象。准备金余额目标从2001年的5万亿日元开始不断提高,到2003年已增至27万亿~32万亿日元。

日本终于完成了泡沫破裂的善后工作。担任小泉政府金融担当大臣的竹中平藏推出了一项"金融再生计划",要在两年半内将主要银行的不良债权率(当时为8.4%)减半。如果银行未达成目标,政府将不惜注入公共资金将银行强制国有化。

## 第五章 通货紧缩的开端：速水、福井

2003年4月28日，日经平均指数跌破7604点，达到泡沫破裂后的最低水平（当时）。5月的"理索纳冲击"开始让指数有所反弹——日本政府闪电式地发布了一项重组计划，向理索纳银行注入公共资金。金融市场一直在探寻处理不良债权的有效方法，并期待取得明显成效，因此政府的这一举措博得了金融市场的好感，随着全球经济开始回暖，日本经济也逐渐迎来曙光。

理索纳银行的前身是野村控股的大和银行和朝日银行，而朝日银行则是由两个排名较低的城市银行（协和银行和埼玉银行）合并而成的。1995年，大和银行因其纽约分行出现巨额亏损而被逐出美国市场，大和银行努力在"超级地区银行"中谋求生路。大和银行希望通过与朝日银行的合并加入日本四大银行的行列，并通过专攻日本国内市场来实现复兴。

日本政府对理索纳银行实施国有化的原因在于监察机构的严格监察。理索纳银行将用于处理不良债权的预付税款作为"递延所得税资产"列入自有资本。"竹中计划"要求对该事件的细节进行严格监察。作为一家国内银行，理索纳银行的资本充足率只需高于4%即可。但在2003年5月的小长假之后，监察机构指出理索纳银行存在虚报的可能性。

5月7日，竹中才了解到这一情况。根据《存款保险法》，如果银行的资本充足率低于4%，政府就需要注入公共资金。竹中私下获得了小泉首相关于向理索纳银行注入公共资金的批准，并指示事务部门暗中做好对理索纳银行实施国有化的准备。

然而，理索纳银行对国有化表现出了强烈的抗拒。理索纳银行对监察机构提出质疑，认为监察结果与过去的结果不一致，监察机构也因此有所动摇。据透露，竹中曾督促监察机构做出判断，并表示他不会问责监察结果不一致的相关事宜。监察机构最终决定，不承认理索纳银行过去五年内的递延所得税资产记录。5月17日，日本政府召开金融危机应对会议，决定向理索纳银行注入公共资金。短短10天内，事态急转直下。

政府向理索纳银行注入公共资金后，日经平均指数开始上涨。竹中计划提出了在两年半内将主要银行的不良债权率减半的目标，但出乎意料的是，这一大胆的目标竟然在2005年3月决算时提前实现了。日本官民基金"产业革新机构"接管大荣和嘉娜宝等负债累累的大型企业，银行的不良债权也从资产负债表中剥离。泡沫经济问题解决有望，日本经济也逐渐好转。在此过程中，日本央行宣布将长期维持量化宽松政策，外汇市场上出现了日元温和走弱的趋势。

## 日元套利交易的幻想

日元走弱趋势孕育出了广大的"渡边太太"。

1998年，日本政府修订《外汇法》，允许交易者在存入一定保证金的条件下买卖超过原始资本的外汇。随着外汇限制的放松，原始资本较少的交易者也可以获得更多收益。2005年左右，个人外汇交易规模占东京外汇市场的20%～30%，世界领先的对冲基金也开始密切关注日本市场的这一动向。

然而，由于"渡边太太"是个人交易者，因此很难看清市场的实际情况。虽然在设定上"渡边太太"是一位管理家庭财务的日本家庭主妇，但实际上大多数个人外汇投资者是中年男性。

由于日本存在日元套利交易的环境，因此日本的个人投资者能够借入低息日元来投资高息美元，从而在全球外汇市场上叱咤风云。日本央行宣布将长期维持量化宽松政策。与此同时，互联网泡沫破裂的创伤愈合后，美联储迅速提高此前降至1.0%的政策利率。2004年，时任美联储主席格林斯潘宣布恢复加息，在连续17次会议上都决定进一步收紧货币政策。2006年,美联储将政策利率上调至5.25%,日美利差急剧扩大,个人日元套利交易爆发性增长。

不仅日本的个人投资者发现了低利率日元中的商机,距离东京8600公里之外的冰岛也发现了套利商机。当时,冰岛的政策利率已升至10%左右,冰岛克朗成为世界上的高息货币之一。冰岛的个人和公司开始借入零利率的日元和低利率的瑞士法郎,而不是高利率的冰岛克朗。

冰岛最大的银行克伊普辛银行发行了大量日元债券(武士债券)。银行将流入冰岛的外币以较低的利率提供给个人和企业。越来越多的个人和企业获得大额外币贷款。在企业和购房者的总贷款中,外币贷款比例分别约为70%和20%。到2007年底,冰岛的外币贷款中日元的比例高达约40%。冰岛人从未见过真正的日元,但神奇的是他们却在用日元来贷款建房。

2003年以来的四年里,冰岛股市的市值飙升了近七倍,房价也几乎翻了一番。银行以其不断增加的持有资产作为抵押,从银行间市场和机构投资者手中借入更多资金。2007年底,冰岛银行业的对外负债几乎达到了冰岛GDP的五倍。

日元和瑞士法郎等低息货币的套利交易催生了全球性的

房地产泡沫。雷曼危机爆发的根本原因在于美国和欧洲金融机构对证券化产品的过度投资，而日本央行量化宽松政策下过剩的低息日元资金使这一过度投资成为可能。

随后，在 2008 年金融危机期间，冰岛克朗对日元的汇率暴跌近 50%。身负日元贷款的冰岛人无力偿还，不得不向政府求助。

对于尚未从泡沫破裂的创伤中走出来的日本经济而言，这波日元贬值犹如一场及时雨。这一时期，出口导向型经济复苏的可能性仍然存在。

出口量指数始终保持上升趋势，2002～2004 年增长率分别为 7.9%、4.9% 和 10.6%。1995 年前后，由于日元坚挺，日本企业的制造工厂被分散至海外，但在进入 21 世纪以后，日元疲软又将制造工厂带回国内市场。企业的设备投资也在持续增加，2003～2005 年分别增加了 2.3%、3.4% 和 8.3%，日本国内的工厂建设也在 2001～2007 年的六年间增加了 84%。

2004 年，夏普在三重县龟山市建立龟山工厂，生产 AQUOS 液晶电视。享有"世界的龟山"之称的龟山工厂是日本先进技术的象征。2006 年，龟山第二工厂成立，世界的龟山发展成了总投资达 5000 亿日元的大型工程。

然而，后来乘虚而入的日元套利交易加剧了日元的跌势，人们才得知日元弱势对出口的提振不过是沙上建塔。日本经济并不稳定，2008年雷曼危机爆发后，美联储宣布降息，日美利差显著收窄，日元套利交易迅速逆转。

日元套利交易平仓，引发了日元的大幅升值，成了白川时期日本央行的痛苦之源。2009年，企业的设备投资下降了13%，创历史最大降幅。同年，龟山工厂部分产线停产，夏普于2016年被鸿海精密工业收购。一旦利率被稳定在较低水平，金融市场就会出现扭曲。在日本经济中，这种扭曲总是在日元汇率中累积后大肆爆发，最终波及企业和个人。

## 7. 安倍晋三，反日本央行的原点

"一部分市中心的房地产交易已明显出现过热迹象。"2005年10月12日，福井俊彦行长在政策会议上提到了泡沫经济的迹象。

其他政策委员也对此表示赞同。12月16日，审议委员福间年胜表示："当前出现了与20世纪80年代末泡沫时期类似的情况。"日元贬值带来的制造业复苏，令日本央行开始考虑取消量化宽松政策。2004年，美国进入快速加息阶段，

## 第五章 通货紧缩的开端：速水、福井

福井也在12月16日的会上提道："市场将出现一个缺口。我们必须与全世界保持同一步调。"日本央行决定在2006年3月取消量化宽松政策，并开始着手准备。

然而，在日本央行推进取消宽松政策的过程中，日本央行与日本政府之间的关系发生了微妙变化。其中，曾在小泉纯一郎政府中担任官房长官的安倍晋三对量化宽松政策的取消提出了强烈反对。

2006年3月3日，安倍在新闻发布会上发言称："政府认为我们仍处于温和的通货紧缩之中。为了摆脱通货紧缩，政府和日本央行必须通力合作，实施有效的政策。"小泉首相也在当晚回答记者时对日本央行的行动提出了质疑，称："虽然现在通货紧缩逐渐迎来结局，但我认为我们尚未摆脱通货紧缩。"

在2000年日本央行取消零利率政策时，安倍也作为官房副长官密切关注着日本央行的行动。由于日本央行承认了在取消零利率政策上的失败，因此安倍对过早取消宽松政策的批评要高人一筹。在3月3日的内阁会议之前，安倍晋三会见了经济财政担当大臣与谢野馨和财务大臣谷垣祯一，与两个人进行了讨论，称："如果日本央行决定取消量化宽松

政策，则需要承担相应的责任。"

安倍晋三和谷垣祯一都被视为小泉的继任者之一。在2007年夏季的众议院选举即将来临之际，二人希望消除一切可能导致经济衰退的因素。小泉首相也在6日的参议院预算委员会会议上表示，"即使取消量化宽松政策导致失败，也绝不允许重新实施"。

福井也出席了参议院预算委员会会议。据透露，小泉首相的发言并未动摇福井的决心。会议召开前几天，谷垣曾私下告诉福井，如果在3月取消量化宽松政策，将会遇到大麻烦，但福井对此也没有做出任何反应。

实际上，福井曾在2006年11月18日的决策会议上，当着所有政策委员的面表示："如果不在某个阶段取消非常规货币政策，它将对未来产生重大影响。"福井的5年任期将于2008年结束，他希望在此之前取消量化宽松政策和零利率政策，让自己的政策管理有始有终。

福井需要先在2006年3月取消量化宽松政策，并在同年内取消零利率政策。如前所述，2005～2006年期间，日元贬值趋势带动出口增长，同时企业的设备投资也呈现增长趋势。

## 第五章 通货紧缩的开端：速水、福井

随着经济的好转，通货紧缩的结束趋势逐渐显现，日本央行政策委员也开始警惕资产泡沫。2006年1月19日至20日的货币政策决策会议上，审议委员水野温表示："公众对零利率抱有长期期待，这一点十分可怕。"审议委员须田美矢子也指出，"我们不知道（泡沫）会因何而起"。日本央行因未能在20世纪80年代末的泡沫时期预判出资产价格上涨而广受批评。20世纪70年代的通货膨胀也被归咎于日本央行收紧货币供应的行动迟缓。如今的日本央行有所不同，如今的日本央行十分注重防范泡沫的形成。

当时唯一的关注点聚焦于仍然为负的物价增长率。然而，2006年1月，消费者物价指数上升0.5%，连续三个月同比正增长。日本央行判断这是市场给予的取消量化宽松政策的信号。

在3月8日至9日的决策会议上，许多政策委员对取消量化宽松政策持支持态度，并表示取消政策条件已得到"满足"（审议委员须田）。岩田一政副行长指出："虽然我不认为当前的资产价格存在泡沫，但未来可能存在风险。"福井俊彦行长也强调道，"我们对（取消政策）充满信心"，并对取消量化宽松政策的讨论进行了总结。

会上，也有人仍持有谨慎态度，"在货币政策调整方面，

我们与金融市场参与者之间的沟通并不顺利，最好（在取消之前）先缓一缓"（审议委员中原真）。但这只是少数人的意见，审议委员水野回应道："如果延迟取消，公众会误以为日本央行因政治压力而无法自主决定货币政策。"最终，福井行长提交了取消量化宽松政策的主席提案。在政府的谨慎态度下，日本央行决定取消为期五年的非常规货币政策。

福井仍在继续推动货币政策正常化。2006年7月14日，日本央行在决策会议上决定取消零利率政策，将政策利率从0%上调至0.25%。福井在会上指出："如果继续将利率维持在0%，经济和物价将面临大幅波动的风险。对此，大家达成了一致意见。"

加息条件似乎已经成熟。5月CPI的同比增长率恢复到0.6%。6月的企业短期经济观测调查（日银短观）显示，设备投资计划呈现泡沫破裂以来的最大增幅。日本央行一直维持着零利率政策的目的是防止经济持续下行和通货紧缩的恶性循环，但审议委员福间年胜却指出，"零利率政策是一项危机管理政策，现在已经没有理由继续实施"。

然而，在取消零利率政策后，日本央行只能任由变幻莫测的物价指数摆布。日本央行遭受"CPI冲击"。

为了准确地了解家庭消费行为，总务省每五年都会更新一次CPI调查项目。总务省在修订标准后重新发布的数据显示，新标准下，7月CPI的涨幅从旧标准的0.6%降至0.2%。2006年1月和4月的CPI增长率甚至降至负值。

日本央行曾把CPI的回升当作取消量化宽松政策的依据。然而，CPI标准的修改让一切化为幻影。福井行长在9月8日的会议上强调："即使在新标准下，物价仍呈回升趋势，今后也将持续增长。"然而，从2007年2月开始，CPI增长率又重新跌入负值。

继2000年取消零利率政策之后，2006年量化宽松政策的取消再次被批评为"摆脱通货紧缩的失败"。安倍晋三一生都没有忘记自己在内阁所说的"如果日本央行决定取消量化宽松政策，则需要承担相应的责任"。

第六章

# 苦闷之中的
# 美联储鲍威尔

（2020 年至今）

## 1. 特朗普总统与新冠疫情

### "普通先生"大显身手

"我宣布进入紧急状态。这将释放联邦政府的全部权力。这一举措为联邦政府提供大约 500 亿美元的抗疫援助打开了大门。"

2020 年 3 月 13 日,美国总统唐纳德·特朗普在美国首都华盛顿白宫宣布进入国家紧急状态。

我于 2015 年离开日本,前往华盛顿担任特派记者。我到任时,美国总统还是奥巴马。2016 年,特朗普在总统大选中大获全胜。由于社会的分裂,美国开始陷入灰暗。我曾在华盛顿的一家酒吧喝酒,当时邻座一位酩酊大醉的女客人在我透露了自己的记者身份后,就开始对我破口大骂。她是特朗普的支持者,不分青红皂白就将我批判成"虚假新闻的制造者"。当酒保沉默地把她拖走时,她的嘴里还在嘟囔着什么。

新冠疫情加剧了美国经济和社会的动荡。2020 年 3 月,美国宣布进入紧急状态,当时我坚信紧急状态会在一个月内解除,很快就可以恢复正常生活,然而没过多久,餐厅就被要求暂停营业,华盛顿的绝大多数政府机构都开始居家办公。我被迫在自己的房间里进行采访和撰稿。3月30日开始，美国甚至限制了居民外出。除了菜市场等基础性商业（包括媒体），许多办公楼被迫暂时关闭。特朗普总统每天都在白宫举行记者招待会，但除了这个白色建筑物，整个城市都安静得可怕。这可能是美国近代以来，首都华盛顿第一次出现如此人烟稀少的景象。

2018年，共和党杰罗姆·鲍威尔接替了美联储首位女性掌门珍妮特·耶伦，成为美联储主席。鲍威尔始终表现得十分平静，因此媒体给他取了一个并不讨喜的绰号——"普通先生"。鲍威尔的提名人是特朗普总统，公众认为特朗普的目的只是取代过于自由的耶伦。

当时，一位白宫官员曾向我透露，"最初的主要候选人是出身于高盛集团、时任美国国家经济委员会（NEC）主席的加里·科恩"。科恩的职业生涯始于交易市场的场内经纪人，后来，科恩加入高盛成为大宗商品部主管，最终升任高盛总裁兼首席运营官（COO），成为高盛的二把手。

然而，当特朗普发表为白人至上主义者辩护的言论时，身为犹太人的科恩奋起反抗，双方之间的恩怨也随之加深。最终，耶伦和黑马鲍威尔入选候选人名单，而共和党人鲍威尔成功当选。鲍威尔曾经是一名活跃在华尔街投资基金的法律专家,有报纸曾刊登过他的故事,他也表示自己的人生信条就是"默默无闻地勤奋努力"。鲍威尔在担任美联储主席之前就是美联储理事,在担任理事的六年时间里,鲍威尔从未在决策会议上投过反对票。

新冠疫情期间,这位"普通先生"大展身手,发挥了自己的能力。

3月2日,我收到美国财政部的一封邮件,称七国集团将于3月3日清晨紧急召开财政部部长和央行行长的线上会议。

同年2月12日,道琼斯工业平均指数创下了29 551点的历史新高(当时)。随着新冠疫情的暴发,经济不确定性加剧。2月27日,道琼斯工业平均指数突然暴跌1000多点。全球市场陷入混乱,七国集团亟须采取紧急措施。

我向《日本经济新闻》东京总社通报了G7会议的日程安排,并传达了有关美联储将在G7会议后决定紧急降息的预测。

应对全球新冠疫情的当务之急就是开发疫苗和治疗药物。虽然货币政策的能力有限,但各国当局需要向公众展现正在共同努力应对公共卫生危机的态度。金融市场也开始预测美联储将采取提前降息的行动。

"我们将利用所有政策工具，实现 G7 经济体的强劲增长，并防范下行风险。"美国东部时间 3 日清晨，G7 在紧急会议后发表了上述联合声明。随后，美联储也立即召开了联邦公开市场委员会（FOMC）紧急会议，并决定紧急降息 50 个基点。

G7 会议结束后，最先放宽货币政策的是美国。先发制人是货币防卫战中的铁律，其中暗含着国际合作和国际竞争。这是自雷曼危机爆发后，美联储 11 年半以来首次召开紧急会议决定降息。

美联储主席鲍威尔在新闻发布会中表示："我们认为现在正是采取行动支持经济的时机，因此我们迅速采取了行动。过去几周，随着新冠病毒的传播以及美国确诊病例的增加，我们意识到经济前景正在面临着巨大的风险。目前，我们还不清楚病毒的影响会持续多久，但我们相信美国经济非常强劲，最终将恢复强劲增长，劳动力市场也会趋于稳健。"

没有人知道新冠疫情将会造成的影响，也没有人料到量化宽松政策的结局。3 月 3 日，在美国联邦公开市场委员会决定降息后，道琼斯工业平均指数收于 25 917 点，比前一交易日下跌 785 点（2.94%）。当日，美国债券市场中作为长期利率指标的 10 年期国债收益率也大幅下跌，首次跌破 1% 的关口，创下历史新低。

美联储持续加大宽松力度。在美国总统特朗普宣布进入紧急状态后的 3 月 15 日，虽然正值周日，美联储仍再次召开了联邦公开市场委员会紧急会议，宣布下调联邦基准利率 100 个基点。由此，美联储正式重启零利率政策并恢复了购买 5000 亿美元国债的量化宽松政策。

尽管如此，3 月 12 日美国股票市场上道琼斯工业平均指数在一天之内下跌了 2352 点，创下史上单日最大跌幅。美联储的零利率政策和量化宽松政策未能拯救股市，3 月 16 日道琼斯工业平均指数再次暴跌 2997 点，再次创下历史最大跌幅。道琼斯工业平均指数从 2 月的历史高点开始暴跌，3 月下旬已跌至 18 500 点的水平。为应对新冠疫情对经济的打击，3 月 23 日美联储宣布扩大国债购买规模，开启无限量化宽松。由此，股市终于止跌企稳。

## 对 YCC 政策的抗拒

这一时期，令美联储担忧的是通货紧缩。

如果新冠疫情严重抑制企业设备投资，企业增长潜力就会下降，经济将陷入长期停滞。自雷曼危机以来，美国的通胀率始终低于 2% 的目标，美联储内部也十分防范美国经济陷入日本式的长期低通胀和低增长的状态。

在这一情况下，美联储甚至开始考虑引入日本央行自 2016 年开始实施的收益率曲线控制（YCC）政策。自 2020 年 3 月重启零利率政策和量化宽松政策后，美联储的货币工具已明显不足。

因此，美国联邦公开市场委员会在 2020 年 4 月的会议上讨论了新的宽松措施。会议就在一定期限内设定短期债券和长期债券的收益率上限，并购入美国国债进行了讨论。美联储的政策利率是适用于银行短期资金交易的联邦基金利率（FFR）。会上有人提议，为一年期短期国债以及五年期国债新设利率目标，以压低市场整体利率。这一操作与日本央行的 YCC 政策十分相似。

美联储在 1942 年第二次世界大战期间曾引入 YCC 政策，通过设定三个月期和一年期短期国债的利率上限来控制中长期收益率。当时，引入 YCC 政策的目的是为美国联邦政府筹措战争资金。因此，对美联储而言，YCC 政策并非一

第六章　苦闷之中的美联储鲍威尔

个未知领域。

然而，美国联邦公开市场委员会在 2020 年 6 月的会议上围绕 YCC 政策进行了激烈的争论。会议探讨了以下三大先例中 YCC 政策的效果：①日本央行设定的十年期国债收益率目标；②澳大利亚储备银行设定的三年期国债收益率目标；③美联储二战时期的 YCC 政策。

由出身于美联储的专业人士组成的美联储执行委员会对 YCC 政策表现出了抗拒。执行委员会指出："根据 20 世纪 40 年代的经验，YCC 政策需要大规模购买政府债务，这可能导致货币政策目标与国债管理政策相冲突。"

由于联邦政府的持续施压，1942 年引入的 YCC 政策在战后也未能轻易按下终止键，低利率持续时间长于预期。结果，消费者物价指数增长率在 1951 年飙升至 9% 的水平。2020 年 6 月的会议上，美国地方联储行长也纷纷表达了不安，称 YCC 政策将有损中央银行的独立性。

与会者还指出了退出 YCC 政策的难度。如果美联储取消 YCC 政策并上调中长期利率，将加重身负 25 万亿美元债务的联邦政府的利息负担。美国国债的持有者，包括私人金融机构，也将因债券价格下跌而承担未实现损失等风险。也有一部分与会者保持支持态度，认为以中短期利率为目标的YCC政策将是一项强有力的措施。但最终，支持YCC政策的声音还是逐渐减弱。

我曾采访过时任美国达拉斯联邦储备银行行长的罗伯特·卡普兰有关YCC政策的意见。

"我不排斥任何政策工具，但我对YCC政策有很强的抵触感。我只会在非常特殊的情况下，例如债券市场混乱的情况下实施这一政策。经济复苏后，利率自然会上升。我不想扭曲市场的定价机制。"

出身于高盛集团的卡普兰曾在东京工作过5年，对日本十分了解。他的这番话听起来像是在间接地批评日本央行长期实施的YCC政策。

## 2. 意料之外的大通胀

### 被低估的通胀压力

深受新冠疫情冲击的美国经济，开始利用财政刺激和量化宽松政策来重整旗鼓。

2020年第二季度美国实际GDP环比下滑29.9%（折合

年率），美国陷入战后最严重的经济衰退。

美国的失业率一路飙升，2月至4月的失业率分别是3.5%、4.4%、14.7%，失业人数分别为570万、720万和2300万，美国经济陷入瘫痪状态。当时，我在华盛顿不仅负责美联储的相关报道，还负责美国经济政策的相关报道，那段时间我每天都会在新闻稿上写下"战后最糟糕的负增长"和"战后最糟糕的失业率"的字样。

受执政党和在野党相互制衡的美国国会长期被称为"难以决断的政治"，但美国国会也开始频下"猛药"。3月6日，美国国会通过第一轮财政刺激计划，决定投入83亿美元的财政支出，以抗击新冠疫情。3月18日，美国国会通过第二轮财政刺激计划，总额1000亿美元。3月27日，美国国会通过2万亿美元的第三轮财政刺激计划，这是美国历史上最大规模的财政刺激。

根据财政刺激计划的规定，除了向中小型企业提供3500亿美元的实际补贴，还将为个人提供最高1200美元的现金。这笔资金可以帮助家庭支付房租和购买食材。史上最大规模的财政刺激的背后是美联储无限量购买国债的非常规量化宽松政策。量化宽松政策实施后，美国长期利率大幅下降，5

月降至 0.5% 的历史最低点。在量化宽松政策的支持下，美国政府得以发行大量国债，而不必担心利息负担。

日本央行高层评价道："现在回头看，美联储的无限量化宽松就是财政融资。"所谓财政融资就是由中央银行大规模购买国债来弥补政府的财政赤字的举措。如果没有低至 0.5% 的利率，美国将很难实现如此大规模的财政刺激。当时一位美国财政部官员告诉我："美联储主席鲍威尔和与特朗普交好的财政部部长姆努钦有时一天要进行 30 次电话沟通，以商讨经济对策。"

美国联邦政府为抗击疫情而提供的财政支持导致美国出现了巨大的财政赤字。2020 财年（2019 年 10 月至 2020 年 9 月）美国财政赤字达到创纪录的 31 320 亿美元，远高于金融危机爆发后的 2009 财年美国的财政赤字（1.4 万亿美元）。2020 财年，美国的财政支出高达 65 520 亿美元，比上一财年增长 47%。

财政赤字不断膨胀，而利率却没有上升，这都归功于美联储对美国国债的大规模购买。如果美国没有实施量化宽松政策，美国的财政刺激规模就不会如此庞大。特朗普曾致电鲍威尔夸赞道："杰罗姆，你做得很好。"

## 第六章　苦闷之中的美联储鲍威尔

然而，美国当局的巨额财政刺激不但没有引发令美联储忧心忡忡的通货紧缩，反而引发了意料之外的通货膨胀。

2021年春，美国的通货膨胀开始抬头。当时我刚准备结束6年的华盛顿特派记者任期回日本。2021年1月，拜登政府上台后立即公布了一项价值1.9万亿美元的财政刺激计划，以抗击新冠疫情。这将有可能导致美国经济由衰退转为过热。

受新冠疫情影响，新车无法交付，因此二手车价格开始飙升。我在回日本前卖掉了自己的汽车，令我震惊的是，一辆行驶了10万英里（约16万公里）、濒临报废的汽车竟然可以标价50万日元。尽管供应不足，但政府发放的补助金让美国家庭过得十分滋润。

拜登政府推出的财政刺激方案规模相当于美国名义GDP的9%。特朗普政府提前取消了经济制裁，而2021年春季美国的实际GDP就已经恢复到疫情前97.5%的水平。然而，巨额财政刺激措施的规模已然远超当前市场上的需求缺口。据美国国会预算办公室（CBO）估计，截至2024年，美国的累计产出缺口约为7000亿美元。当时，美国前财政部部长萨默斯曾指出，1.9万亿美元的财政刺激与产出缺口相比过于庞大，可能造成经济过热并带来通胀风险。

新冠疫情下，家庭无法花光政府提供的补助金，出现"超额储蓄"的情况。经济活动的恢复有可能引发市场的"报复性消费"，从而导致经济过热。当时，根据高盛集团的统计，2021 年中美国的超额储蓄已经达到 2.4 万亿美元。这意味着，美国的"消费储备"已经相当于名义 GDP 的 11%。

尽管如此，美联储主席鲍威尔还是一再强调，物价上涨只是暂时的，不会持续太久。物价波动的决定性因素是服务业的劳动力成本，美国服务业的消费占 GDP 的比重超过 60%。由于就业市场的复苏较为缓慢，因此工资难以上涨。鲍威尔认为，可能需要三年或更长时间才能稳定实现 2% 的通胀目标。他在国会进行说明时还强调，在实现目标之前将继续维持零利率政策。然而，鲍威尔低估了通胀压力，这也造成了美国后来取消量化宽松政策的行动迟缓。

负责统筹经济政策的新任财政部部长耶伦也认为，"如果不采取进一步的宽松措施，失业率就无法在 2025 年前恢复到疫情前的 4%"，并断言 1.9 万亿美元的财政刺激方案可以使美国"明年恢复充分就业"。

实际上，美国劳动力市场的恢复情况并不如 GDP。2021 年 1 月美国的失业率为 6.3%，疫情留下的创伤尚未愈合，

## 第六章 苦闷之中的美联储鲍威尔

失业人数超过 1000 万，几乎是疫情前的两倍。在担任美联储主席时，耶伦曾一度主张"高压经济"政策，即维持温和的经济过热，并扩大劳动力市场。耶伦与萨默斯不同，耶伦的想法比较激进，她认为推高通胀有助于经济复苏。因此，她一直主张："我们有方法应对通货膨胀，首要任务是避免长期停滞。"

美联储预计物价上涨是暂时的，然而，与美联储的预期相反，通货膨胀率始终居高不下。2021 年 3 月，消费者物价指数增长率为 2.6%，随后在 4 月跃升至 4.1%，6 月又上升至 5% 左右，10 月继续攀升至 6% 左右，最终在 12 月达到了 7% 左右。

2020 年每加仑（约 4 升）2 美元（约 270 日元）左右的普通汽油，在 2022 年价格上升至每加仑 5 美元以上。这意味着，每次加油都需要多花几十美元。纽约曼哈顿麦当劳的一份巨无霸套餐则需要 1600 日元。美国经济遭遇自 20 世纪 80 年代大通胀以来的最高通胀压力。

为什么美联储明明对所有经济数据进行了高水平的分析，还会误判物价发展呢？原因就在于美联储未能使用经济模型准确掌握新冠疫情期间的供给侧约束。

萨默斯等人曾批评 1.9 万亿美元的巨额财政刺激计划过于庞大，但所有货币政策当局还轻视了劳动力短缺所造成的供给侧约束。随着经济复苏，餐饮业、旅游业、住宿业试图争抢劳动力，工资也随之上涨，这进一步推动了通货膨胀。

2021 年 12 月，美国的失业率一路降至 3.9%，美国经济面临严重的劳动力短缺。因新冠疫情而退休的老年人并未重返劳动力市场，劳动力的增长不如预期，对市场产生了重大影响。市场只能通过提高工资来吸引劳动力，这又进一步加剧了通货膨胀。截至 2021 年底，美国的平均时薪同比增长了 5%。

美联储曾在新冠疫情期间决定了长期实施量化宽松政策，因此美联储在结束宽松的问题上始终犹豫不决，这反而加大了通胀压力。

2020 年夏季，美联储微调了 2% 的通胀目标。新的政策方针是"通胀率暂时超过 2%"。此时，美联储担忧的还是通货紧缩，而不是通货膨胀，美联储希望通过小幅提高物价目标，释放长期实施零利率政策的信号。然而，这一决定导致了美联储迟迟未迈出加息这一步。

2022 年 3 月，美联储取消零利率政策时，美国的通胀率已升至 8.5%。美联储通过购买长期国债向市场供应资金的量化宽松政策也一直持续到 2022 年 3 月。直到 2022 年 6 月，美联储才实施通过减持资产来减少市场流动性的"量化紧缩"。20 世纪 80 年代的大通胀如同苏醒的幽灵一般困扰着各大央行。

2022 年 6 月，美国的通胀率飙升至 8.9%，达到 40 年来的最高水平。欧元区和英国的物价水平飙升，通胀率分别为 8% 和 9%。日本食品和能源价格显著上涨，美国的核心 PCE 物价指数（除食品和能源价格）也上涨了 6%，美国的通胀走势已成定局。

**吸引通胀的结构性变化**

被英国诗人拜伦誉为"伊甸园"的辛特拉小镇坐落于里斯本北郊，被列为世界遗产，是南欧屈指可数的度假胜地之一。每年初夏，欧洲中央银行都会在此举办年度经济论坛，供一些国家的央行行长共同探讨经济政策。

2017 年，年度经济论坛结束后，欧洲央行、英格兰银行和加拿大央行共同暗示结束宽松。有传言称这是央行行长之间的"辛特拉的秘密"。由于货币政策与外汇市场直接相关，行长只能在私下里坦诚相待。日本央行为了防止日元升值，一直暗中关注美联储的动向。

2022年6月的年度经济论坛上充满着对通货膨胀的担忧。

"我不认为我们会回到低通胀的环境。新冠疫情和大规模地缘政治冲击将改变我们政策管理的局面和格局。"欧洲央行行长拉加德坦言将结束低利率政策。

"在多重打击下，我们面临着高通胀的风险。这一过程可能会带来一些痛苦，但是允许高通胀持续则会带来更多痛苦。"美联储主席鲍威尔也强调在对抗通胀而加息的过程中，经济将不可避免地出现一定程度的恶化。

正如格林斯潘的发言中所指出的一样，自20世纪80年代以来，全球通胀率一直在缓慢下降。除了紧缩货币，经济全球化以及原油等初级产品价格的下跌也对通胀率产生了重大影响。低通胀为美国带来了长期增长，研究者也将这一时期称为"大缓和"。改变了这40年来的"反通胀"进程的则是新冠疫情等引发的四大全球结构性变化。

第一个结构性变化是货币。从20世纪80年代中期至2000年左右，由于美联储对抗通胀，储备货币美元长期处于收缩状态。美国的"广义流动性"（市场上的货币总量）占美国GDP的比例在1986年达到77%的峰值。到了1994年，这一比例降至60%以下，直到2008年雷曼危机前一直都保持在 80% 以下。

新冠疫情期间的巨额财政刺激和大规模量化宽松政策导致了货币总量历史性激增。广义流动性占 GDP 的比例在 2020 年飙升至 112%。尽管货币总量与通胀率之间的联系逐渐没有那么紧密，美国进入了"后货币主义时代"，但财政刺激下名义收入的激增仍是引发 40 年来首次通胀的因素之一。

第二个结构性变化是原油等初级产品的价格。根据内阁府的分析，20 世纪 80 年代至 90 年代全球物价下跌的最主要原因在于节能和原油增产所导致的初级产品价格下跌。当时的商品价格与 20 世纪 70 年代的峰值相比下跌了 30% 以上。尤其是导致美国 CPI 下降的影响因素中，原油价格下跌的影响就占了 80%。

俄乌冲突导致了初级产品价格飙升，2022 年的商品价格指数与 2020 年相比上涨了 2.5 倍。由于社会正朝着碳中和的方向发展，公众预计能源价格仍将居高不下，按照现有情况，商品价格的上行压力仍将持续。国际货币基金组织预测，2022 年发达经济体的通货膨胀率将达到 5.7%。国际货币基金组织警告，由于初级产品价格上涨，通胀持续的时间将比预期的更长。

第三个结构性变化是逆全球化。全球平均关税率从 1990 年的 15% 降至 2017 年的 5.2%。然而，美国特朗普政府却改变了这一趋势。美国与其他国家之间的贸易摩擦导致美国的平均关税率从 2018 年的 3.3% 跃升至 2019 年的 8.7%。俄乌冲突在全球掀起粮食保护主义浪潮，据美国智库调查，截至 2022 年，已有 18 个国家实施了出口管制措施。美国拉起半导体"小圈子"等，各种贸易壁垒都加大了物价的整体上涨压力。

第四个结构性变化是发展中国家廉价劳动力的消失。根据日本贸易振兴机构（JETRO）的调查，中国制造业工人的年薪（含社保）为 83 700 元，管理人员的年薪则超过 20 万元，劳动力成本并不低。此前，发达国家一直在将制造基地转移到工资较低的发展中国家，但全球性的工资增长将阻碍"反通胀"的进程。

世界经济对高通胀的来临毫无防备。全球在低利率时期积累了债务，全球债务占全球 GDP 的比重达 350%，处于历史高位。如果仅是通货膨胀，还可以通过其他方式来减少实际债务，但美国和欧洲的中央银行还宣布大幅加息。公共部门和民间部门被迫面临利息支付负担。40 年一遇的通货膨胀将在已经习惯"三低"（低增长、低物价和低利率）的世界掀起巨大浪潮。

然而，与不断加快的加息步伐相比，美国的总体利率水平并没有如愿上升，这一局面也令鲍威尔和拉加德感到苦恼。尽管美国加息速度很快，但十年期国债收益率在2022年10月达到4.25%的峰值后，又在2023年1月回落至3.37%。

此外，房地产贷款利率和公司债券利率也没有上升。美国联邦住房贷款抵押公司（房地美）的15年期固定抵押贷款周平均利率在2022年11月升至6.38%后，又在2023年2月初跌至5.14%。美国投资级债券收益率也在2022年秋季达到顶峰后，下降了约1个百分点，高收益债券收益率下降了2个百分点。

2005年，美联储前主席格林斯潘将基准利率上升，长期利率却下降的反常现象称为"谜"。此时长期利率的变化趋势正是格林斯潘之谜的再现身。

新冠疫情期间的量化宽松为市场撒下了大量货币，而这些过剩的货币正是导致长期利率不升反降的主要原因。如果不通过实施量化紧缩政策回收过剩的流动性，就难以达到收紧债券市场的效果。尽管如此，美联储在通胀未得到缓解的情况下，又继续加息，这也导致了金融市场的不安。美联储的误判接连不断。

## 3. 金融市场躁动不安

### 硅谷银行破产

2023年3月10日上午，位于加利福尼亚州圣克拉拉市的硅谷银行（SVB）总部大门紧锁。根据《日本经济新闻》的现场报道，一名在SVB存入350万美元的初创公司经营者在得知SVB出现财务危机后立即赶往总部，但已经无法进入银行和取款。

SVB成立于1983年，以开户简便、处理迅速著称，受到了初创企业和风险投资（VC）的青睐。截至2022年底，SVB的总资产在美国排第16位。在美国，近一半的风险投资支持的科技和医疗保健公司都与SVB有业务往来。SVB是美国创业者的主要银行，拥有一大批风险投资客户，同时也涉及高净值客户的资产管理业务。SVB是硅谷创新生态系统的核心金融机构，能够满足创业者的全部需求。然而，没有人料到如此强大的银行会在瞬间倒塌。3月10日，SVB终止业务，并宣布破产。

新冠疫情期间的量化宽松政策为市场留下了过剩的资金，初创企业资金增加。2021年美国风险投资金额创下历史新高。由于初创企业将多余资金存入SVB，2022年3月底，SVB

的存款规模也达到峰值的 1980 亿美元，同比增长 60%。

银行存款增加，而资金充足的初创企业却没有太高的融资需求。因此，SVB 将资金用于购买抵押贷款支持证券（MBS）等有价证券。然而，2022 年 3 月美联储提高基准利率后，市场利率急剧上升，SVB 所持证券的未实现损失也不断增加，SVB 濒临资不抵债。

在紧缩的金融环境下，需要重新对未上市公司进行估值。一阵逆风开始吹向原本资金充足的环境，初创公司的银行存款逐渐减少。2022 年底，SVB 的存款规模比同年 3 月的巅峰期减少了 13%。

2023 年 3 月 8 日，硅谷银行母公司 SVB 金融集团宣布出售部分债券（亏损 18 亿美元），发行普通股筹资 22.5 亿美元。2023 年 2 月底，SVB 曾强调自己持有 150 亿美元，流动性充足，然而这笔巨额损失让 SVB 的可信度急剧降低。3 月 9 日，SVB 的股价较前一日暴跌 60%。最终，SVB 筹资失败，宣告破产。SVB 陷入财务危机的消息在社交平台上迅速传播，3 月 9 日至 10 日，1750 亿美元的存款共被提取了 1420 亿美元（占总额的 81%）。数字化时代突然爆发了一场前现代的"挤兑"危机。

## 同时应对通货膨胀与金融不稳定

美联储的大幅加息导致投资者所持债券出现了巨额损失。从 2022 年 4 月到年底的九个月内，SVB 已经流失了 230 亿美元的存款。在破产前夕，SVB 出售了 210 亿美元的可变现资产，损失 18 亿美元。面对提款要求，SVB 不得不出售债券以补充现金，同时使得债券的未实现损失成了实际损失。

SVB 将大部分资产投资于美国国债和 MBS 等债券，而美联储的激进加息导致债券市场崩溃，SVB 金融集团上下蒙受 150 亿美元的未实现损失。SVB 为应对接二连三的提款要求，只好出售债券，SVB 的损失越来越大，业务逐渐陷入停滞。

不仅是 SVB 遭遇这一局面。2021 年，美国金融机构整体的债券未实现损失为 79 亿美元，然而到了 2022 年底，这一数字大幅增至 6204 亿美元。像 SVB 的情况一样，一旦出现巨额提款需求，银行就必须通过出售债券来补充现金，未实现损失转为已实现损失。美国中小银行的存款外流速度加快，2023 年 3 月 9 日至 15 日共流失 1200 亿美元，刷新历史纪录。

美国银行原本就处于容易出现存款外流现象的环境。美国通胀率已高达 6%，接近零的利率让存款的实际价值不断流失。投资者正在将资金转移到利率更高的货币市场基金

（MMF）中。3 月 22 日，货币市场基金的资金量达 5.13 万亿美元，两周内增加 2300 亿美元。地方银行为防止资金外流，开始提高存款利率，财务状况陷入恶性循环。

美联储必须同时应对通货膨胀和金融不稳定。如果中途放弃紧缩货币政策来避免银行危机，就无法对抗通货膨胀。如果优先对抗通胀坚持加息，就无法阻止银行危机。突然上升的物价和利率共同孕育出了新的危机。

3 月 22 日，美联储决定加息 0.25%，然而美联储主席鲍威尔的发言却并不讨喜。他在新闻发布会开始时表示："我们认为过去两周银行系统的不稳定，可能导致企业和家庭的信贷条件收紧。虽然现在预测对整体经济的具体影响还为时过早，但我们将改变以往靠加息来控制通胀的立场。我们将密切关注经济指标，并在适当的情况下进一步收紧货币政策。"美联储放任了通胀的持续，也为美联储带来了新的挑战。

## 4. 与艺术大师的对话

### "货币政策的影响正在逐渐减弱"

我在华盛顿工作期间，曾对货币政策的效果抱有疑问。日本 10 年的超宽松政策并未同设想的一样奏效，美国也因美联储的误判而陷入 40 年以来的高通胀。日本通胀率低、美国和欧洲通胀率高的原因错综复杂,包括人口减少、地缘政治风险和能源价格高企等,仅靠中央银行的力量难以完美应对。世界环境从 20 世纪 90 年代以后的大缓和时期走向了不稳定时期,这使货币政策管理变得越发困难。

2019 年 12 月,我作为《日本经济新闻》的特派记者对格林斯潘进行了近一小时的采访。

格林斯潘的办公室在市中心的一个缓坡上。我想应该无须对格林斯潘多加介绍。他在 1987～2006 年期间担任美联储主席,任期长达 19 年。格林斯潘实现了美国的长期经济增长和物价稳定,被称为"艺术大师"。

华盛顿虽然繁华,但是面积并不大,我也曾有幸在华盛顿的聚会上见到格林斯潘。我希望有机会能够倾听他针对长期经济形势变化的想法,因此每次见面时我都会向他发出邀请。我也曾给他的办公室发邮件,希望进入他的"会见人名单"。2019 年 12 月,这个机会终于来了。

格林斯潘在接受我的采访时已经 93 岁高龄。他弯腰与我握手后,便在椅子上坐下,并邀请我落座。与平时不同的是,他并没有戴上早已闻名的大眼镜。他笑着向我介绍了一位秘书:"我的听力越来越差,可能听不懂日式英语,所以我叫来了我的助手。"我的英语确实带有很浓重的日式口音,所以格林斯潘在采访过程中多次向秘书发出了求助信号。

我向格林斯潘提问:"货币政策对实体经济的影响是不是大不如从前了?"当时,美国正陷入雷曼危机后的长期停滞,政策利率还处于低位。这一时期,美国前财政部部长萨默斯等人提出了"长期停滞理论"。

格林斯潘的办公桌上摆放着各种数据的分析图表,他向我展示了这些图表,并说明道:"虽然政策利率有一定效果,但它并不能违背经济本身。""政策利率处于低水平是表现为生产率下滑的经济活动放缓的结果。沃尔克时代控制住了前所未有的通货膨胀,自那以后,货币政策就不是绝对有效的了。可以说,货币政策的影响正在逐渐减弱。"格林斯潘愿意如此公开地质疑货币政策的力量,这让我有些惊讶。

格林斯潘在自己的回忆录《动荡年代》(日本经济新闻社出版)中写道:"人们认为主导了过去10～20年长期利率下降的是货币政策和人们对与通胀抗争的央行的信心。这一观点非常值得怀疑。"他还在书中指出:"事实上,我对20世纪90年代中期以后通胀率下降的容易程度感到震惊。"在格林斯潘的指导下，美国物价逐渐稳定，公众有意神化格林斯潘，但他却对此提出质疑。实际上，2008年雷曼兄弟破产的部分原因就在于格林斯潘的长期宽松政策，并非所有人都对格林斯潘19年间的功绩给予肯定。

我指出，长期利率进入负值在历史上是颠覆性的操作。

格林斯潘对此回应道："我们需要关注负利率问题的根源。全球正在步入老龄化社会，人们正在考虑20年或30年后的资产价值。人们开始默认自己会长寿，并开始将养老金用于购买30年期的超长期债券。这些行为导致了债券价格上涨，收益率下降。当前的现象正是反映了金融市场的这一趋势。在人口老龄化程度不断加深的过程中，反映了这一趋势的长期利率将长期处于低水平。"

毋庸置疑，在1987～2006年格林斯潘担任美联储主席期间，美国经济处于高速增长期。在此期间，美国的实际GDP从8.5万亿美元增至15.3万亿美元，就业人数也从1.1亿增至1.4亿。前任美联储主席保罗·沃尔克采取了彻底的紧缩性货币政策，遏制了20世纪80年代的大通胀，此后物价长期保持稳定。市场参与者和经济学家高度赞扬了这一时期的政策，称其为央行的胜利。然而，事实究竟如何呢？格林斯潘回忆道，市场利率的降低和通胀压力的缓和似乎与货币政策无关。

格林斯潘进行了深入的反思。纵观当时的世界经济，全球克服了20世纪70年代到80年代石油危机引发的大通胀。全球经济环境的变化推动了通胀率的下降，而美联储只不过是顺势而为。

根据内阁府的分析，20世纪80年代至90年代全球物价下跌的最主要原因在于节能和原油增产所导致的初级产品价格下跌。当时的商品价格与20世纪70年代的峰值相比下跌了30%以上。尤其是导致美国CPI下降的影响因素中，原油价格下跌的影响就占了80%。

然而，从20世纪90年代到2000年左右，学术界一直认为美国成功抑制大通胀的原因在于对货币政策的精心管理。这给当时的市场和学术界灌输了一种"货币政策是灵丹妙药"的思想。

格林斯潘的讲话有时充满诗意，可以有各种解读。他的发言被市场神化并传播开来，因此他的言论也常常影响投资者情绪，导致市场波动。可以说，如今央行高官以言动市的政策风格就是在格林斯潘时代形成的，这也是市场过分夸大

"货币政策是灵丹妙药"的结果。

## 大波动时代

"新冠疫情和俄乌冲突是否会成为宏观经济稳定的转折点？我们是否会从大缓和时代迈入大波动时代？" 2022 年夏天，欧洲央行执行委员会成员施纳贝尔在杰克逊霍尔发表了题为"货币政策与大波动"的演讲，成为央行官员最关注的话题。

20 世纪 90 年代以来的大缓和催生了"货币政策是灵丹妙药"的思想，然而大缓和时代已经过去。美国和欧洲的中央银行放任高通胀，而日本的大规模宽松政策却迟迟不见成效。这就是所谓的"大波动"。

经济和市场切切实实地正处于"大波动"时代。例如，美国经济就仿佛过山车一般起起伏伏。2020 年春，新冠疫情暴发，美国失业率高达 14%，成为战后最糟糕的时期。随后的经济复苏又使美国的 GDP 创下战后最大增幅，而从 2021 年开始，能源价格高企，通货膨胀无法控制。日元暴跌至 24 年来的最低水平，加上消费疲软，日本的通胀率也重新回到了 30 年前的水平。施纳贝尔指出，"过去两年，欧元区的产出增长波动率是 2009 年金融危机时期的五倍"。

世界经济逐渐步入"大波动"时代的原因有三。其一是逆全球化。20世纪90年代的"大缓和"主要归功于冷战的结束,市场经济给全球带来了巨大影响。然而,当前的俄乌冲突和贸易摩擦却在瓦解世界经济,全球能源和劳动力供应也陷入危机。

其二是气候变化。欧洲遭遇了500年来最严重的干旱,气候变化越来越难以预测。在短期内,向零碳社会的转型将加剧石油价格的波动,也将进一步推高新能源汽车所使用的稀土的价格。

其三是货币政策。美联储和欧洲央行一直以两到三倍的速度加息,即每次加息的幅度都在0.5%～0.75%的区间。央行不得不采取激进的收紧政策的最主要原因在于开始缩小宽松政策规模的时间太晚。此外,还有一个原因在于小幅加息无法产生预期的政策效果。货币政策已经结束了"万能时代",进入了"迷茫时代"。

第七章

## 没有魔法棒

## 1. 日本经济为何停滞

日本经济的停滞一目了然。

日本 20 世纪 60 年代的年均实际经济增长率为 10.5%，70 年代为 5.2%，80 年代为 4.3%，90 年代降至 1.5%，进入 21 世纪以后又放缓至 0.5%。相反，美国的年均实际经济增长率至今仍保持在 3% 左右，从 20 世纪 90 年代开始就超越了日本。

人口减少是造成日本经济停滞的主要因素。日本人口自 2008 年达到峰值的 1.2808 亿后便开始下降，截至 2022 年 10 月，日本人口已降至 1.2494 亿。今后人口仍会加速负增长，预计 2048 年日本人口将削减至 1 亿以下。

劳动力人口是 GDP 的重要影响因素之一，而劳动力人口的变化与总人口的变化略有不同。日本的劳动力人口从 1997 年的峰值 6560 万减少至 2012 年的 6270 万，此后又有所回升，在 2022 年增长至 6720 万。日本政府对老年人就业和女性就业的支持，很大程度上影响了劳动力人口的增长。可以说增加了就业人数就是安倍经济学的最大功绩。

然而，经济增长的三大动力之一劳动力投入的情况却不容乐观。日本的劳动力人口在 2013 ~ 2018 年的五年间,增长了 3.9%,而劳动力投入仅增长了 1.6%。这是由人均工作时长减少了 3.1% 导致的。安倍经济学增加的就业中非正式员工的比例较高,因此可以说日本的工作岗位大多属于轮岗制。

日本在高速增长期时被戏称为"经济动物",但 2021 年日本的人均工作时长为 1607 小时,远低于经济合作与发展组织(OECD)的平均水平(1716 小时)。受人口老龄化影响,今后日本的劳动力投入仍将继续减少,据内阁府推算,2025 ~ 2040 年日本的年均劳动力投入将减少 0.6% ~ 1.1%。

经济增长的第二大动力设备投资也未见增长。日本制造业的设备投资在 1991 财年的泡沫高峰期达到 22.5 万亿日元,随后一路下滑,在 2021 财年下降至 15 万亿日元。虽然设备投资在 2002 年触底(9 万亿日元)后有所回升,但投资规模仍与签订《广场协议》的 1985 年保持在同一水平。在 IT 领域,自 2000 年以来的 20 年间,日本企业的实际投资仅增长了 30%,而美国则增长了四倍,法国也增长了两倍。

投资不足也导致了"生产能力指数"的缓慢下降,生产能力指数代表了国内制造业的生产能力。泡沫破裂后,日本的生产能力指数持续增长,在 1997 年 11 月到达峰值

（112.3）。此后，该指数便一蹶不振，到2023年2月已跌至95.5，较峰值下降了15%。黑田的大规模宽松政策虽然促进了日元贬值，但并未提高日本制造业的生产能力，也进一步导致出口增长乏力。企业开始直接在海外生产，货币疲软并未成为国内生产的春风。

经济增长的第三大动力生产质量也迟迟未得到提升。20世纪90年代以后，标志着专业知识和技术进步的全要素生产率（TFP）一直停滞不前。1985～1989年期间，日本的年均实际GDP增长率为4.6%，其中TFP的增长率为1.6%。1990～1994年期间，年均实际GDP增长率下降至2.0%，其中TFP的增长率为-0.1%，影响极大。1995～1999年以及2005～2009年期间，TFP都呈现负增长。在全国范围内，在1990年之前，日本的TFP增长率常常高于美国和欧洲。然而，泡沫破裂后，局势就发生了逆转（见图7-1）。

关于全要素生产率低下的原因有好几种说法，例如政府与民间研发资金不足，以及新企业不足等。此外，人力资源投资不足也是原因之一。根据厚生劳动省的调查，日本企业的职工教育经费（2010～2014年）仅占GDP的0.1%，而美国和法国分别为2.08%和1.78%，可见日本对教育投入之低。虽然这一比例并不包括在职培训（OJT）的费用，但仅看日本企业的员工培训率，无论男女，日本企业的员工培训率都低于 OECD 的平均水平。

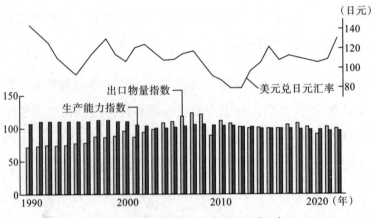

图 7-1　日元疲软逐渐无法促进出口及生产

注：指数：2015 年=100。
资料来源：日本政府统计。

因此，尽管就业率有所增加，但人均 GDP 并未随之增长。1980～1990 年，日本人均 GDP 年均增长率为 4%。此后，以 10 年为区间，日本人均 GDP 年均增长率持续下滑，1990～2000 年人均 GDP 年均增长率降至 1%，2000～2010 年为 0.5%，2010～2020 年也几乎保持在 0.5% 的水平。

全球范围内同日本一样出现 GDP 低增长情况的国家屈

指可数。2022年与新冠疫情前的2018年相比,美国人均GDP增长2.4%,英国增长1.1%,而日本只增长了0.7%。日本的人均GDP被意大利赶超,在七国集团中垫底。日本的周边国家中,韩国也超越了日本。人均GDP的停滞导致日本民众不再感到富裕。根据瑞穗银行的分析,如果低增长持续下去,2050年日本的潜在经济增长率可能降至−0.8%,GDP将从550万亿日元降至470万亿日元。

## 2. 为何只有日本陷入通货紧缩

尽管程度不同,但增长放缓是发达经济体面临的共同问题。然而,为何只有日本陷入了长期通货紧缩呢?

日本物价自1998年后持续下跌,1998～2002年日本的消费者物价指数增长率分别为0.3%、−0.1%、−0.3%、−0.9%、−0.8%,日本正式进入通货紧缩。物价下跌一直持续到2012年,战后只有日本经历了如此漫长的通货紧缩。

在宏观经济中,通货紧缩是由供求失衡引起的。

如果只有生产能力,却没有买家的话,生产方只能压价出售。虽说"产出缺口"是决定价格的基本要素,但日本长期通货紧缩的结构要比这复杂得多。

日本陷入长期通货紧缩困境的主要原因是20世纪90年代初经济泡沫的破裂。泡沫经济大大提高了商品和服务的供给能力。泡沫破裂后，需求急剧下降，产出缺口呈现负值。1991年第一季度，日本的产出缺口仍有4.9%。然而，1993年产出缺口就开始跌入负值，并在1994年降至-1.7%。

虽然1991年经济泡沫就破裂了，但日本在1998年才进入通货紧缩，为何中间出现长达7年的间隔呢？

日本央行在1991年开始降息，并实施了量化宽松政策，同时金融机构也开始持续扩大贷款规模。宽松的金融环境勉强阻止了通货紧缩，产出缺口也暂时恢复到正值。然而纵观历史，这一时期的日本央行是失败的。前文中就提到，量化宽松政策的实施只不过是依靠银行不断向濒临倒闭的企业追加贷款罢了。

1997~1998年，山一证券、北海道拓殖银行和日本长期信用银行等大型金融机构相继倒闭，银行系统失去了追加贷款的能力。企业无法再获得融资，因此只能开始限制投资来优先偿还债务。

储蓄投资差额代表着企业（非金融部门）的资金流动，

## 第七章　没有魔法棒

截至1997财年，日本企业的投资大于储蓄，储蓄投资差额达1.4万亿日元，而到了1998财年则扭转为储蓄大于投资，差额达2万亿日元。这意味着，1997财年日本企业的资金净流入高出资金净流出1.4万亿日元，而1998财年则是资金净流出高出资金净流入2万亿日元。1998财年之后，日本企业一直处于储蓄大于投资的状态。如果没有资金需求，无论货币政策如何放宽都毫无意义。日本央行于1999年开始实施零利率政策，在25年里全方位放宽了货币政策，然而最终只是徒劳一场。

1998年开始，日本的工资水平一路下滑，企业的谨慎度逐渐提高，最终孕育出了通货紧缩。二战后，包括货币工资和社会保险在内的劳动报酬持续增长，然而到了1998财年，日本的人均劳动报酬却下降了1.3%。机械、运输和金融等领域的较为稳定的企业也相继开始下调普通员工的工资。工资水平不断下降，1999财年和2002财年，日本人均劳动报酬分别下降1.0%和2.5%（见图7-2）。

日本为降低失业率而选择降薪的做法在全球都极为少见。雷曼危机后，尽管美国的失业率飙升至10%，美国也并未降低平均时薪。日本的失业率最高也只是在2004年上升到5.4%，可见日本早已接受通过降薪来保证就业的方式。

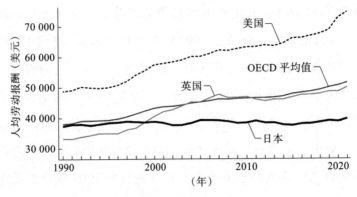

图 7-2　日本平均年收入原地踏步 30 年

注：根据购买力平价计算。
资料来源：OECD。

为何降薪会导致通货紧缩？当劳动者默许工资下调时，劳动力成本较高的服务业将会降价。因此，日本企业服务价格指数在 1997 年达到 111.9 的峰值后开始逐渐下降，即使在通胀环境下的 2022 年也仅回升到 106.9 的水平。这是导致日本物价整体下降的决定性因素。美国的商品价格指数增长也经常出现负值。然而，由于美国从不轻易下调工资，因此美国的服务价格指数增长几乎不会出现负值。对比美国同期的服务价格指数，美国刚好是日本的两倍，年均增长率高达 2%～3%。

在此，我想简单说明一下通货紧缩所带来的不良影响，这些不良影响也是经济停滞的原因。

首先是对企业的不良影响。通货紧缩将导致企业无法提高产品和服务的价格，从而无法增加销售额和利润。企业开始降低劳动力成本，而家庭也会因为工资止步不前而开始抑制消费。当家庭减少消费时，企业就会通过降低价格，设法让客户购买产品和服务。这就是物价和工资连环下降造成通货紧缩的过程。

此外，通货紧缩还会抑制企业投资。这是由于通货紧缩将加重企业的债务负担。这与"实际利率"息息相关。即使名义利率为零，通胀率也会改变实际利率。

例如，当名义利率为2%，通胀率也为2%时，实际利率就为零。如果名义利率保持在2%，而通胀率下降到0%时，实际利率则为2%。如果名义利率为零，而通胀率为2%的话，实际利率则降低至-2%。一旦通胀率降至-1%，实际利率则将回升至1%。这就是日本经济经历过的变化。

通货紧缩与实际利率的上升息息相关，因此企业最好的选择就是减轻债务，加速偿还。因此，企业也就理所当然地失去加大设备投资的欲望。家庭也会抱有未来物价下跌的预期，尽量推迟消费，选择等到物价下跌后再购买商品和服务。消费支出增长乏力又将导致企业进一步减少投资，从而形成恶性循环,削弱日本经济的增长潜力。

日本物价长期停滞的另一个原因在于,日本陷入了"长期通缩"。

泡沫破裂和紧缩货币导致日本通胀率在1999年转为负值,此时企业采取偿还债务和抑制投资的行为是合理的。家庭因工资下降而减少消费、增加存款的行为也是合理的。然而,这些合理行为却产生了"合成谬误",进而造成了经济萎缩。经济和物价进一步失去通胀压力,企业和家庭继续抑制投资和消费,日本经济彻底陷入了"长期通缩"。

如果日本经济停滞,企业就无法提高工资。如果工资不涨,家庭就无法增加消费。如果消费不增加,企业就无法提高销售额。如果销售额不提高,企业就不会进行投资。日本无法从这样的经济停滞的恶性循环中脱离出来,物价就像久久不融化的积雪一样。日本央行将这种现象称为"零通胀观念"。

正如日本央行所言,与20世纪30年代前后的大萧条相比,此时的通货紧缩确实较为温和。在1998财年至2012财年的15年间,消费者物价指数的年均增长率约为 $-0.3\%$。虽然这一下降趋势十分温和,但日本想从"长期通货紧缩"中脱离出来也并非易事。

## 第七章 没有魔法棒

资产通缩对日本经济造成了巨大的负面影响。

1990年,在泡沫经济的最后阶段,东京23区商业用地的公示地价为每坪㊀2705万日元,是1983年的七倍多。但到2005年,这一价格已下跌至449万日元,仅为1990年的约六分之一。日经平均指数也从历史最高点38 915点(1989年12月)一路下跌至7607点(2003年4月)。

股价下跌导致民营银行损失了未实现收益,而房地产泡沫破裂也严重打击了融资方的抵押物价值。资产通缩摧毁了日本经济的金融体系,阻碍了企业投资增长,同时也造成了日本经济的长期停滞。日本央行在1988～1990年间将基准利率从2.5%上调至6.0%。大藏省也在1989年出台了"总量控制"政策,严格限制土地交易。公众认为,货币政策和金融管制的过度收紧导致了泡沫破裂和随后的经济低迷,这种批评乍一看似乎是十分合理的。

然而,资产通缩只不过是20世纪80年代泡沫经济过度膨胀后的收尾工作罢了。归根结底,远远超出经济承受能力的资产膨胀才是经济停滞的起点。可以说,20世纪80年代对泡沫经济放任不管的经济政策就是最大的失误。

---

㊀ 1坪约为3.3058平方米。——译者注

## 3. 长期的量化宽松政策是否有效

日本央行的量化宽松政策在历史上可分为三个阶段：① 1991 年泡沫破裂以后的量化宽松政策；② 1999 年零利率以来的量化宽松政策；③黑田体制下的"超宽松政策"。

1991 年以后的宽松政策在一定程度上是有效的。毫无疑问，将政策利率从 6.0% 降至 0% 左右的低利率政策有助于银行处理不良债权。实际上，在泡沫破裂后，银行贷款还是从 1991 年的 502 万亿日元增加到 1996 年的 536 万亿日元。泡沫破裂后，金融体系仍能维持运转，这都归功于当时极为宽松的货币政策。

然而，由于注入公共资金等根本性改革的延迟，日本央行放的水最终被民营银行用于向濒临倒闭的企业贷款，这在前文中已有详细介绍。在泡沫破裂六年之后的 1997 年，民营银行彻底失去了处理不良债权的能力，日本深陷历史性金融危机的泥潭。

日本国内银行的贷款总额在 1996 年 3 月达到 536 万亿日元的峰值后开始下降，到 2005 年 6 月已经缩减至 375 万亿日元。在此期间，日本央行虽然实施了零利率政策和量化宽松政策，但民营银行已经无法继续提供贷款。银行系统的崩溃使宽松的资金无用武之地。如果在泡沫破裂后立即动用公共资金来保证金融部门的稳健运行，宽松的资金就能大显身手了。

尽管1999年日本实施了零利率政策，但企业仍然无法从银行获得融资。企业开始优先偿还债务并减少投资。日本经济陷入通货紧缩，而量化宽松政策也失去了效力。如果通胀率能达到2%，那么零利率的环境仍然是宽松的。然而，一旦通胀率降为0%，那么零利率的环境就不再宽松。1999～2012年的漫长通缩期大大削弱了量化宽松政策的效力。

黑田的十年量化宽松政策又有怎样的效果和局限性呢？

2013年4月推出的量化与质化宽松（QQE）政策极大地改变了市场情绪。黑田上任前，日元兑美元汇率为1美元兑76日元，而日元在2013年底跌至1美元兑105日元。被视为"六重苦"之首的日元升值终于得到改善，到了2023年春季，日元兑美元的汇率已跌至1美元兑130日元左右。

此外，股票价格也出现上涨。日本央行对交易所交易基金的购买助长了股市上涨，日经平均指数从黑田上任时的12 000点一路飙升至30 000点水平，这是时隔30年首次达到这一水平。宽松的资金也流入了房地产业，房地产价格指数（公寓）在十年中几乎翻了一番。

然而，宽松政策并未提振实体经济。前文我们提到，虽然日元不断贬值，但日本的国内生产能力仍在持续下降，这就是黑田宽松政策的误判。

此外，工资的增长情况也不容乐观。根据每月勤劳统计调查，2022年的平均名义工资与2012年相比仅增长了3.5%。然而，2022年日本的消费者物价指数却同比增长了2.5%。这意味着扣除物价变化影响后，日本的实际工资出现负增长。

长期实施量化宽松政策的副作用一直备受争议。黑田认为："比较量化宽松政策实施前后的经济情况，显然量化宽松政策创造了更加良好的经济环境。"

然而，即使政府财政纪律的放松和企业新陈代谢的衰弱对日本经济产生了不利影响，这也需要到以后才知晓。因此，我们无法在短期内判断量化宽松政策的效果和副作用，只能交给历史去评判。

日本的国债发行总额已从黑田上任时的650万亿日元激增至1029万亿日元。日本央行推出YCC政策的2016年，

## 第七章 没有魔法棒

倡导"直升机撒钱"的美联储前主席本·伯南克曾表示："黑田行长曾公开明确反对通过'直升机撒钱'进行财政融资。关于'直升机撒钱'的定义仍有许多争议，但将政府借贷利率降至零的货币政策可以被视为财政融资的一种手段。"

由于民营部门的超额储蓄仍在持续，日本经济只能通过政府部门的借贷和投资来实现资金运转。在短期内，通过日本央行的量化宽松政策来支持政府投资的财政融资未必是错误的。然而，同休克疗法一般的货币和财政紧缩并不能解决日本经济的困境。

不过，如果政府的财政状况在缺乏量化宽松政策支持的情况下难以维持，那么新的问题便会出现——即使未来通胀得以恢复，日本央行也无法顺利缩减量化宽松政策规模。此外，如果日本央行执意缩减量化宽松政策规模，可能会加重利息负担，从而导致财政状况的进一步恶化。

日本央行的一位官员明确表示："YCC政策不是财政融资。它与政府的财政状况无关，将根据经济趋势予以取消。"但是，如果届时长期利率大幅上升，局势将会出现反转。一旦日本政府对日本央行施加压低利率的政治压力，就意味着YCC政策从始至终都是财政融资。

经过多年的量化宽松政策，日本央行的资产负债表已不再安然无恙。在黑田掌管日本央行的十年间，日本央行的国债购买额高达963万亿日元。虽然日本央行已经偿还了部分国债，但截至2023年3月20日，日本央行持有的长期国债仍达575万亿日元，是超宽松政策实施前的6倍，日本央行所持国债占国债总额的54%。日本央行持有一半以上的国债，这是极为罕见的情况。日本央行按账面价值对所持债券进行估值，这没有问题，但截至2022年底，日本央行所持国债的未实现损失却高达9万亿日元。

日本央行可能出现超额债务的情况。一旦大规模的宽松政策得以成功取消，政策利率就会随之上升。在这种情况下，民营银行在日本央行的存款利率也会提高，导致日本央行向民营银行支付的利息可能超过日本央行从国债中获得的收益。东短研究所的加藤出曾指出，根据目前的资产状况，如果将存款利率提高至0.5%，可能出现利率倒挂的情况。2021财年，日本央行向国库缴纳了12 583亿日元。这是通过发行货币所获得的属于日本民众的利润，一旦出现赤字，缴纳金将减少甚至归零，日本央行将不得不通过削减支出或增税来弥补亏损。这种情况将严重损害民众对日本央行政策的信任。

## 4. 日本经济能否回归增长

"行长,我已经提前借好钱了"。

一位三大巨型银行的行长听到企业客户说出这番话时,不禁有些哭笑不得。

1998财年以后,日本企业长期处于超额储蓄的状态。在战后的高速增长期,日本企业始终处于超额投资、储蓄不足的状态。然而,自1998财年以来的25年里,企业始终控制投资,市场资金需求严重不足。如今,无论日本央行如何降息,宽松的资金都将无用武之地。

为什么企业会停止投资而转向储蓄呢?

泡沫破裂后的前期(1991～2003年),企业控制投资是为了消除"三大过剩"(雇佣过剩、设备过剩和债务过剩)问题。这对于企业来说是十分合理的决定,但企业减少投资的行为却导致日本经济失去了基础。泡沫破裂后的后期(2004年至今),企业控制投资是因为企业对日本市场失去了增长期待。日本企业对未来五年的增长预期在1990年前后约为4%,但到了1998年就降至2%以下,目前也仍维持在1%左右的低水平。如果日本企业不进行投资,也就无法提高日本的经济实力。照这样的情况下去，日本经济将继续迅速衰退。

要重振日本经济，第一，需要恢复增长预期，促进企业投资。

其中重振消费是不可或缺的一环。1998～2022年，日本的名义消费支出仅从284万亿日元增加至308万亿日元，年均增长率仅为0.3%。这期间，日本的家庭可支配收入也只从312万亿日元增长至314万亿日元，几乎保持在同一水平。大型企业的劳动分配率也从2000财年的60.9%下降到2019财年的54.9%。

重振消费的唯一途径就是提高家庭可支配收入。根据当前的高通胀，2023年春斗的加薪幅度将有望冲破3%大关，创30年来最大调薪幅度。问题在于，企业在确定适当的劳动分配率后还能维持多久的工资增长。消费能否走出低谷完全取决于此。

第二，重振日本经济还需要引导商业环境整体向好。观察一年内新企业的开业率可以发现，日本仅为4%，而德国、美国和法国分别为8%、9%和10%，这些国家的创业活动都在蓬勃发展。此外，日本的倒闭率为3%左右，处于较低水平，而德国和美国的倒闭率均为8%。这意味着，日本市场新陈代谢的速度并不理想,最终导致了数字化转型(DX)等领域的落后。

有人指出,长期的量化宽松政策催生了僵尸企业,但除了量化宽松政策,还有其他削弱了企业新陈代谢能力的政策。例如,2009年生效的《中小企业金融促进法》。它要求金融机构放宽借贷和还贷条件,是雷曼危机爆发后的一项紧急援助措施。然而,它的期限曾被延长两次,最终于2013年终止。在新冠疫情期间,日本为企业制定了实质上无息无担保的"零零贷"制度。2023年"零零贷"制度结束后,日本政府又立即新设了一项借新还旧的制度(本金最长可延期5年偿还)。

日本已接近充分就业,失业率在2%左右。尽管如此,如果仍继续实施救市政策,新企业就无法招揽员工。最终,日本的开业率和倒闭率均下降,企业新陈代谢过慢。2022年,日本的有效求人倍率高达1.3倍,许多成长型企业有用人需求。为了提高日本经济的整体增长潜力,必须改变当前的经济环境,助力劳动力进入具有发展潜力的新企业。就业的横向移动也是提高工资水平的因素之一。

第三,重振日本经济需要解决人口减少的问题。安倍经济学的最大成就是增加了就业人数。然而，劳动力人口却难以进一步增长，今后甚至会缓慢下降。2017年日本的劳动力人口为6530万，预计这一数字将在2025年和2040年分别降至6082万和5245万。随着劳动力人口的减少，日本的潜在经济增长率可能降为负值。

日本必须立即采取应对少子化的措施，但这对于增加劳动力人口却无法起到立竿见影的效果。日本政策投资银行（DBJ）智囊团预计，到2040年日本将需要674万的劳动力人口，是当前劳动力人口的四倍。日本需要通过鼓励外籍劳工进入日本，来扩大日本的供给与需求。

第四，重振日本经济需要恢复可持续的公共财政体系。日本央行的长期低利率政策的财政融资底色越来越浓。只要民营部门仍处于超额储蓄状态，就必须通过财政赤字来创造需求。

然而，2022年的通货膨胀预示着"有利率的新纪元"的到来。如果"三低"（低增长、低物价和低利率）能够保持平衡，经济就能维持稳定。一旦低物价转为高物价，经济就会变成高利率、高物价、低增长，从而出现失衡。这种失衡将导致消费和投资进一步下降，日本经济可能陷入衰退。特别

## 第七章 没有魔法棒

是随着地缘政治风险逐渐增加，如果财政体系出现问题，那么国家安全体系也将面临危险。

日本政府的负债占日本 GDP 比重超过 250%，日本是主要经济体中债务负担最为严重的国家。然而，由于日本长期保持经常项目盈余，因此并未出现财政问题。一旦发生紧急情况，日本政府可以通过增加税收来偿还债务，而不必依赖国外资金。

然而，关键的国际收支也逐渐开始摇摇欲坠。由于日元贬值导致原油等进口商品价格上涨，2023 年 1 月日本经常项目出现了 19 766 亿日元的逆差，创下自 1985 年有可比数据以来的新高。虽然逆差成为定局还需要一段时间，但日本已经难以维持经常项目的巨额盈余。如果日本陷入贸易和财政"双赤字"，日元将面临资本外逃的风险。一旦国家开始依赖国外资金，并向外国借款，利率将不可避免地上升。

英国的"双赤字"导致英镑急速贬值，迫使英国在 1976 年向国际货币基金组织求援。需要国际货币基金组织伸出援手的不仅是发展中国家。英国后来通过开发北海油田力挽狂澜，但日本却没有这样的超能力。日本需要在健全财政体系的同时，改革国际收支结构，以提升能源和粮食的自给自足能力。

经济增长放缓是全球趋势。因此，日本要重拾经济增长的辉煌也并非易事。企业创新没有公式可循，日本需要坚持不懈地创造一个创新环境。

在过去十年中，日本的潜在经济增长率仅为 0.2%，人均 GDP 在七国集团中垫底。显而易见，量化宽松政策无法重振日本经济。

日本欠缺的是国家和企业将低息资金用于投资的远见。世界正在进行"零碳革命"，努力实现碳中和。同时，能够生成复杂文本和图像的生成式人工智能的出现，以及全球正在进行的数字化转型，也让世界迈入第三次工业革命。

美国和欧洲都有大量资金可用于脱碳技术和数字化转型，但剧烈的通货膨胀导致全球长期利率在一年内从平均 0.6% 上升到 3.1%。投资门槛越来越高。

日本央行行长植田和男曾表示，日本的首要任务是"不遗余力地维系宽松的货币环境"。虽然日本即将进入"有利率的新纪元"，但与美国和欧洲相比，日本仍有时间获得低息资金。日本必须抓住最后的机会实施增长战略，激发民营部门的活力。在重振日本经济的路上，不能再浪费宽松政策提供的资金了。

# 结　语

在长期从事的中央银行报道工作中，我深刻意识到了央行的虚与实。

"火箭筒""艺术大师""魔术"……公众有时会神化央行行长的言行。雷曼危机后，很多央行同时将政策利率降至零，失去了宽松空间。日本央行推出的则是"改变通胀预期"的政策，用无限宽松的豪言壮语刺激经济。著名货币政策分析师、东短研究所首席经济学家加藤出曾讽刺试图用语言的力量打动市场的央行行长为"货币萨满"。萨满其实就是巫师的意思。

"若问题进一步扩大化、复杂化，社会可能陷入某种停止思考的状态，只是一味寻求浅层的解决方案。"2021年底，日本央行前行长白川方明在接受采访时说道。世上并不存在解决日本经济长期停滞不前问题的"魔法棒"。正是我们的过度依赖，才造就了"萨满央行"的虚像。

2001年，日本央行推出量化宽松政策时，时任审议委员的植田和男投了赞成票，并表示："货币供应量对市场产生的影响可能只是错觉，但仍然不能忽视。"有关量化宽松政策的政策传导路线，目前仍未有清晰的理论。也许，植田从一开始就已经意识到量化宽松这一非常规政策是建立在虚像之上的。

日本央行曾多次出手救市，例如本书中提到的雷曼危机后日本央行的美元供应。金融体系濒临崩溃的危急时刻，也正是日本央行大显身手的时刻。日本央行的实像就是向市场伸出"最后的救命稻草"。

日本央行还有另一个实像。那就是日本央行的员工们都对央行的工作认真负责。他们深刻思考着通货紧缩的解决方案，并不断探索。正是因为我近距离观察和了解了日本央行的实像，所以我常觉得将日本央行视为罪犯的言论有所偏颇。

日本央行在政策决策上犯了许多致命错误。本书也多处指出了这些失误，而这些错误都代表着人类智慧的极限。纵观世界，没有一家央行同日本央行一样采取了如此激进的政策。公众既高估了日本央行，也低估了它。

2023年初春，在日本央行行长黑田东彦即将退休之际，

## 结　语

一位我长期采访的日本央行高层找到我，希望我检验自1998年新《日本银行法》生效以来25年间的货币政策。这位高层也将与黑田同一时期从日本央行退休。1998年也是金融危机严峻化、日本开始陷入长期通货紧缩的一年。包括《日本经济新闻》在内的许多媒体都在对黑田在任的10年间的超宽松政策进行彻底的检验，但这位高层却表示："如果不在更长的时间维度上对日本央行进行挖掘，就无法看清日本经济的现状。"刚好，当时日经BP社也邀请我写一篇有关日本央行的文章，于是我就决定以"检验25年来的货币政策"为题，希望能尽绵薄之力。随后，新任行长植田和男也宣布要从多维度回顾25年来的长期宽松政策。显然，大家都意识到了类似的问题。

我并不具备如此深入的知识，许多受访者都给予了我极大的帮助。本书中提到的采访内容几乎都是非公开的，因此我了解到了只有参与政策制定的人才能了解到的宝贵幕后细节。我也深切感受到受访者们的殷切希望，他们希望通过深入探讨与货币政策有关的问题，为日本经济的未来做出贡献。希望本书能够为他们提供一些参考。在此再次向所有在采访过程中为我提供帮助的人表示衷心的感谢。

为了保证本书的客观性，我请《日本经济新闻》财经组和政治外交组的负责人与记者提前阅读了本书。作为一名《日本经济新闻》的编辑，我只能在周末抽出时间来完成本书，因此也给日经BP社的细谷和彦先生添了许多麻烦，对此我深表歉意。最后，我再次向所有相关人员表示由衷的感谢。

河浪武史

2023年5月

# 参 考 文 献

伊藤隆敏・林伴子『インフレ目標と金融政策』東洋経済新報社
　　2006年3月
伊藤隆敏・星岳雄『日本経済論』東洋経済新報社　2023年3月
岩田規久男ほか『金融政策の論点』東洋経済新報社　2000年7月
岩田規久男『日銀日記』筑摩書房　2018年10月
植田和男『ゼロ金利との闘い』日本経済新聞出版　2005年12月
翁邦雄『金利と経済』ダイヤモンド社　2017年2月
ティモシー・ガイトナー『ガイトナー回顧録』日本経済新聞出版
　　2015年8月
木内登英『異次元緩和の真実』日本経済新聞出版　2017年11月
マーヴィン・キング『錬金術の終わり』日本経済新聞出版　2017年
　　5月
アラン・グリーンスパン『波乱の時代』日本経済新聞出版　2007年
　　11月
アラン・グリーンスパン『リスク、人間の本性、経済予測の未来』
　　日本経済新聞出版　2015年9月
黒田東彦『通貨外交──財務官の1300日』東洋経済新報社　2003年7月

黒田東彦『通貨の興亡』中央公論新社　2005年2月
黒田東彦『財政金融政策の成功と失敗』日本評論社　2005年7月
河野龍太郎『成長の臨界』慶応義塾大学出版会　2022年7月
小宮隆太郎『現代日本経済 ― マクロ的展開と国際経済関係』東京大学出版会　1988年11月
櫻川昌哉『バブルの経済理論』日本経済新聞出版　2021年5月
佐藤千登勢『フランクリン・ローズヴェルト ― 大恐慌と大戦に挑んだ指導者』中央公論新社　2021年1月
白川方明『現代の金融政策』日本経済新聞出版　2008年3月
白川方明『中央銀行』東洋経済新報社　2018年10月
鈴木恒男『巨大銀行の消滅』東洋経済新報社　2009年1月
高田創『シナリオ分析　異次元緩和脱出』日本経済新聞出版　2017年10月
竹中平蔵『構造改革の真実』日本経済新聞出版　2006年12月
ジョン・B・ティラー『テロマネーを封鎖せよ』日経BP　2007年11月
中曽宏『最後の防衛線　危機と日本銀行』日本経済新聞出版　2022年5月
西野智彦『日銀漂流』岩波書店　2020年11月
西村吉正『金融行政の敗因』文芸春秋　1999年10月
ベン・バーナンキ『大恐慌論』日本経済新聞出版　2013年3月
ベン・バーナンキ『危機と決断』KADOKAWA　2015年12月
浜田宏一『21世紀の経済政策』講談社　2021年6月
早川英男『金融政策の『誤解』』慶応義塾大学出版会　2016年7月
J・R・ヒックス『経済学の思考法』岩波書店　1999年9月

参考文献

ミルトン・フリードマン『貨幣の悪戯』三田出版会　1993年7月

マーカス・K・ブルネルマイヤー『レジリエントな社会』日本経済新聞出版　2022年8月

カール・ポパーほか『現代思想6　批判的合理主義』ダイヤモンド社　1974年4月

森田長太郎『経済学はどのように世界を歪めたのか』ダイヤモンド社　2019年9月

門間一夫『日本経済の見えない真実』日経BP　2022年9月

柳澤伯夫『平成金融危機』日本経済新聞出版　2021年3月

山本幸三『日銀につぶされた日本経済』ファーストプレス　2010年6月

吉川洋『デフレーション』日本経済新聞出版　2013年1月

# 日本央行历史年表

| 年份 | 货币政策或经济形势 | 通胀率（%） | 实际经济增长率（%） | 日元兑美元汇率 |
|---|---|---|---|---|
| 1991 | • 共下调三次基准利率，从 6.0% 下调至 4.5% | 3.3 | 3.4 | 135 |
| 1992 | • 共下调两次基准利率，从 4.5% 下调至 3.25% | 1.6 | 0.8 | 127 |
| 1993 | • 共下调两次基准利率，从 3.25% 下调至 1.75% | 1.3 | 0.2 | 111 |
| 1994 | • 松下康雄就任日本央行行长（12月） | 0.7 | 0.9 | 102 |
| 1995 | • 共下调两次基准利率，从 1.75% 下调至 0.5%<br>• 将政策利率更改为无担保隔夜拆借利率 | −0.1 | 2.6 | 94 |
| 1996 | • 自民党桥本政府开始"金融大爆炸"式改革（11月） | 0.1 | 3.2 | 109 |
| 1997 | • 提高消费税（4月）<br>• 亚洲金融危机爆发（7月）<br>• 三洋证券、北海道拓殖银行、山一证券破产（11月） | 1.8 | 1.0 | 121 |
| 1998 | • 速水优就任日本央行行长（3月）<br>• 新《日本银行法》生效（4月）<br>• 政策利率下调至 0.25%（9月）<br>• 日本长期信用银行破产（10月）<br>• 日本债券信用银行破产（12月） | 0.6 | −1.3 | 131 |
| 1999 | • 零利率政策启动（2月） | −0.3 | −0.2 | 114 |
| 2000 | • 零利率政策取消（8月） | −0.7 | 2.7 | 108 |

（续）

| 年份 | 货币政策或经济形势 | 通胀率（%） | 实际经济增长率（%） | 日元兑美元汇率 |
|---|---|---|---|---|
| 2001 | • 政府发布通货紧缩宣言（3月）<br>• 量化宽松政策启动（3月）<br>• 小泉政府上台（4月）<br>• 扩大量化宽松政策规模（8月、12月） | –0.7 | 0.4 | 122 |
| 2002 | • 扩大量化宽松政策规模（10月） | –0.9 | 0.0 | 125 |
| 2003 | • 福井俊彦就任日本央行行长（3月）<br>• 扩大量化宽松政策规模（3月、4月、5月、10月）<br>• 向理索纳银行注入公共资金（5月）<br>• VaR冲击导致债券价格暴跌（6月） | –0.3 | 1.6 | 116 |
| 2004 | • 扩大量化宽松政策规模（1月） | 0.0 | 2.2 | 108 |
| 2005 | • 存款偿付制度解禁（4月） | –0.3 | 1.8 | 110 |
| 2006 | • 量化宽松制度取消（3月）<br>• 政策利率从0%上调至0.25%（7月）<br>• 安倍政府上台（9月） | 0.3 | 1.3 | 116 |
| 2007 | • 政策利率从0.25%上调至0.5%（2月）<br>• 法国巴黎银行宣布冻结基金（8月） | 0.0 | 1.5 | 118 |
| 2008 | • 白川方明就任日本央行行长（4月）<br>• 雷曼危机爆发（9月）<br>• 政策利率从0.5%下调至0.3%（10月）<br>• 政策利率从0.3%下调至0.1%（12月） | 1.4 | –1.2 | 103 |
| 2009 | • 美联储正式启动量化宽松政策（3月）<br>• 民主党鸠山政府上台（9月）<br>• 政府发布通货紧缩宣言（11月） | –1.4 | –5.7 | 94 |
| 2010 | • 时隔六年半首次干预外汇市场，抛售日元、购入美元（9月）<br>• 导入全面量化宽松政策（10月） | –0.7 | 4.1 | 88 |

（续）

| 年份 | 货币政策或经济形势 | 通胀率（%） | 实际经济增长率（%） | 日元兑美元汇率 |
|---|---|---|---|---|
| 2011 | • 东日本大地震（3月）<br>• G7合作干预市场，同步抛售日元（3月）<br>• 扩充全面宽松政策（3月、6月、8月） | -0.3 | 0.0 | 80 |
| 2012 | • 扩充全面宽松政策（2月、3月、10月、12月）<br>• 第二届安倍政府上台（12月） | 0.0 | 1.4 | 80 |
| 2013 | • 日本央行和政府发布联合声明，宣布2%的通胀目标（1月）<br>• 黑田东彦就任日本央行行长（3月）<br>• 量化与质化宽松政策启动（4月） | 0.4 | 2.0 | 98 |
| 2014 | • 上调消费税（4月）<br>• 扩大量化与质化宽松政策规模（10月）<br>• 安倍政府宣布推迟消费税上调计划（11月） | 2.7 | 0.2 | 106 |
| 2015 | • 制定量化与质化宽松政策的补充措施（12月）<br>• 美联储取消零利率政策（12月） | 0.8 | 1.6 | 121 |
| 2016 | • 日本央行导入负利率政策（1月）<br>• 安倍政府宣布再次推迟消费税上调计划（6月）<br>• 增加ETF购买量等，进一步宽松（7月）<br>• 导入收益率曲线控制政策（9月） | -0.1 | 0.7 | 109 |
| 2017 | • 美国特朗普政府上台（1月） | 0.5 | 1.7 | 112 |
| 2018 | • 黑田东彦连任日本央行行长（4月） | 1 | 0.6 | 110 |
| 2019 | • 上调消费税（10月） | 0.5 | -0.4 | 109 |
| 2020 | • 新冠疫情迅速蔓延（3月）<br>• 美联储恢复零利率政策和量化宽松政策（3月）<br>• 取消国债购买上限，开始无限量购买模式（4月）<br>• 菅政府上台（9月） | 0.0 | -4.3 | 107 |
| 2021 | • 岸田政府上台（10月） | -0.2 | 2.2 | 110 |
| 2022 | • 时隔24年再次干预外汇市场，购买日元、抛售美元（9月）<br>• 缩小收益率曲线控制政策规模（12月） | 2.5 | 1.0 | 131 |
| 2023 | • 植田和男就任日本央行行长（4月） | — | — | — |

## 马特·里德利系列丛书

### 创新的起源：一部科学技术进步史
ISBN：978-7-111-68436-7

揭开科技创新的重重面纱，开拓自主创新时代的科技史读本

### 基因组：生命之书 23 章
ISBN：978-7-111-67420-7

基因组解锁生命科学的全新世界，一篇关于人类与生命的故事，华大 CEO 尹烨翻译，钟南山院士等 8 名院士推荐

### 先天后天：基因、经验及什么使我们成为人（珍藏版）
ISBN：978-7-111-68370-9

人类天赋因何而生，后天教育能改变人生与人性，解读基因、环境与人类行为的故事

### 美德的起源：人类本能与协作的进化（珍藏版）
ISBN：978-7-111-67996-0

自私的基因如何演化出利他的社会性，一部从动物性到社会性的复杂演化史，道金斯认可的《自私的基因》续作

### 理性乐观派：一部人类经济进步史（典藏版）
ISBN：978-7-111-69446-5

全球思想家正在阅读，为什么一切都会变好？

### 自下而上（珍藏版）
ISBN：978-7-111-69595-0

自然界没有顶层设计，一切源于野蛮生长，道德、政府、科技、经济也在遵循同样的演讲逻辑

# 资本的游戏

| 书号 | 书名 | 定价 | 作者 |
| --- | --- | --- | --- |
| 978-7-111-62403-5 | 货币变局：洞悉国际强势货币交替 | 69.00 | （美）巴里·艾肯格林 |
| 978-7-111-39155-5 | 这次不一样：八百年金融危机史（珍藏版） | 59.90 | （美）卡门 M. 莱茵哈特 肯尼斯 S. 罗格夫 |
| 978-7-111-62630-5 | 布雷顿森林货币战：美元如何统治世界（典藏版） | 69.00 | （美）本·斯泰尔 |
| 978-7-111-51779-5 | 金融危机简史：2000年来的投机、狂热与崩溃 | 49.00 | （英）鲍勃·斯瓦卢普 |
| 978-7-111-53472-3 | 货币政治：汇率政策的政治经济学 | 49.00 | （美）杰弗里 A. 弗里登 |
| 978-7-111-52984-2 | 货币放水的尽头：还有什么能拯救停滞的经济 | 39.00 | （英）简世勋 |
| 978-7-111-57923-6 | 欧元危机：共同货币阴影下的欧洲 | 59.00 | （美）约瑟夫 E.斯蒂格利茨 |
| 978-7-111-47393-0 | 巴塞尔之塔：揭秘国际清算银行主导的世界 | 69.00 | （美）亚当·拉伯 |
| 978-7-111-53101-2 | 货币围城 | 59.00 | （美）约翰·莫尔丁 乔纳森·泰珀 |
| 978-7-111-49837-7 | 日美金融战的真相 | 45.00 | （日）久保田勇夫 |